AF559157

GEWOHNHEITEN ÄNDERN

Schluss mit Ausreden!

Wie Sie sich mit effektiven Strategien Selbstdisziplin antrainieren und Ihr Unterbewusstsein auf Erfolg programmieren. Mit Motivation alle Ziele erreichen

INHALT

Vorwort

Haben Sie sich je überlegt, welche Gewohnheiten Sie nahezu täglich praktizieren? Gewohnheiten sind jene Handlungen, die wir meist gar nicht mehr bewusst durchführen. Vielleicht sind Sie es gewohnt, immer zur gleichen Zeit aufzustehen, zu duschen, das Frühstück einzunehmen und so weiter. Vielleicht gehört es aber auch zu Ihren Ritualen, den Tag mit einer Tasse schwarzen Kaffee und einer Zigarette zu beginnen.

Vieles von dem, was wir tun, ist uns zur Gewohnheit geworden. Ohne Gewohnheiten wäre der Mensch vermutlich nicht lebensfähig. Jedoch macht nicht immer alles, was wir gewohnt sind, wirklich Sinn. Einiges erspart uns Zeit, wenn wir z. B. den Müll hinausbringen, während wir rausgehen, um die Zeitung zu holen, um nicht zweimal laufen zu müssen. Manches ist vielleicht auch etwas lästig, wenn Sie z. B. dreimal kontrollieren, ob Sie den Herd wirklich ausgeschaltet haben, um dann ruhigen Gewissens die Wohnung verlassen zu können. Manches schadet uns auch, es wird für uns eine ernsthafte Bedrohung, wobei es von uns selbst in unser Leben gelassen wurde. Das tägliche Rauchen mehrerer Zigaretten, das Trinken von Alkohol oder manche Angewohnheiten, wie etwa das Bohren in der Nase – auch in Gesellschaft. Gewohnheiten können uns schaden – körperlich, seelisch und sozial. Trotzdem sind wir Menschen ohne unsere Angewohnheiten nicht das, was uns ausmacht.

Wie kann man aber „gute“ von „schlechten“ Gewohnheiten unterscheiden? Genau diese Frage wird Ihnen dieses Buch beantworten. Außerdem werden Ihnen Wege aufgezeigt, Gewohnheiten, die nicht zu Ihnen passen, die Sie krank machen, sozial isolieren oder Ihnen einfach nur lästig sind, wieder loszuwerden. Dies muss nicht immer durch eine „Ersatzgewohnheit“ passieren, die an die Stelle der alten Gewohnheit tritt, kann aber. Ersatzgewohnheiten erleichtern das Ganze immens. Jedoch sollten diese besser sein als die Gewohnheiten, die Sie sich abgewöhnen möchten, sonst können Sie sich das Ganze sparen.

Gewohnheiten prägen uns von Kindesbeinen an, daher ist es auch kein schlechter Ansatz, diese bereits in einem frühen Lebensalter zu verhindern oder dort schon zu beseitigen. Alles, was nicht langfristig gelebt wird, kann auch keinen großen “Schaden“ anrichten.

Lassen Sie sich von diesem Buch mitnehmen auf eine Reise durch allerlei Skurriles, Lustiges und Lebensprägendes. Begleitet von zahlreichen Fallbeispielen werden Sie sich in der einen oder anderen Situation sicherlich wiederfinden können oder die aufgezeigten Lösungswege für sich und auf Ihr Problem ummünzen können.

Etwas psychologische Grundlagenforschung

Kennen Sie dieses Problem mit den ungewollten Gewohnheiten? Mit Sicherheit, sonst würden Sie dies hier kaum lesen. Haben Sie sich schon einmal felsenfest vorgenommen, mehr Sport zu treiben, weniger Fast Food zu konsumieren, das Smartphone öfter beiseitezulegen, mit dem Rauchen aufzuhören oder Ähnliches? Ist Ihnen dies auch gelungen? Falls dem so ist, habe ich den allergrößten Respekt vor Ihnen. Leider sieht die Realität nämlich meist anders aus. Mindestens 70 % aller Menschen verfallen laut neuesten Studien früher oder später in alte Verhaltensmuster zurück. Sollten Sie auch dieses Szenario bestens kennen, brauchen Sie sich nicht grämen, Sie sind in allerbester Gesellschaft. Da ist kaum einer, der nicht schon einmal einen noch so guten Vorsatz gebrochen, verworfen oder von vornherein nur eher lapidar ernst genommen hätte.

Aber warum ist dies eigentlich so? Warum erscheint es als schier unmöglich, seine Gewohnheiten zu ändern? Häufig weiß man doch, dass die Gewohnheiten, die einen stören, völlig unsinnig sind und einem am Ende vielleicht auch noch schaden.

Bei Zigaretten denkt man vielleicht zuerst an Genuss und Geselligkeit. Aber auch negative Faktoren wie die entstehenden Kosten, der Gestank, der ständige Zwang, eine Fluppe rauchen zu müssen, und nicht zu vergessen das Risiko für die eigene Gesundheit und die der Mitmenschen lassen nicht lange auf sich warten. Trotz aller negativen Aspekte haben schlechte Gewohnheiten eines gemeinsam: Sie wurden über Jahre hinweg fest ins Gehirn regelrecht hineinbetoniert. Beton hat eines an sich, er ist hart und hält fast allem Stand. Bei der Umprogrammierung Ihres Gehirns müssen Sie jedoch keine schweren Geräte auffahren oder mit massiver Gewalt arbeiten. Sie müssen ihn nur tun, diesen ersten kleinen Schritt in ein neues Leben. Dies tun Sie am besten nicht auf den Ihnen alt bekannten Wegen, sondern auf neuen, vielleicht nicht immer geradlinig verlaufenden Schleichwegen. Das Ziel liegt nicht geradeaus. Ihr Weg hat Kurven, Senkungen, Stolpersteine, vielleicht sogar auch einmal eine Sackgasse. Auch dann heißt es: Umdenken und weitermachen. Verlieren Sie das Ziel nicht aus den Augen, dann tut es Ihr Gehirn auch nicht. Sie möchten in ein neues Leben, befreit von Ihren schlechten Gewohnheiten, starten? Dann machen Sie diesen ersten zaghaften Schritt. Sie werden überrascht sein. Vielleicht erinnern Sie sich dabei an die Mondlandung mit Armstrong, als dieser seinen weltberühmten Satz sagte und formulieren diesen für sich um: „Ein kleiner Schritt für die Menschheit, aber ein großer Schritt für mich!“

Schlechte Gewohnheiten lassen sich nicht so einfach abstreifen. Da hilft kein kleines Fingerschnippen und alles ist so, wie man es gerne hätte. Ihr Gehirn lechzt regelrecht nach Gewohnheiten, weil es sich damit jede Menge Arbeit erspart. Nein, das Gehirn ist kein faules Organ, es will jedoch Effizienz und um diese zu erreichen, hätte es gerne Wege, bestimmte immer wiederkehrende Abläufe einfacher zu gestalten. Daher entstehen Gewohnheiten und deswegen sind Sie häufig auch so in unserem Gehirn verankert.

Bis unser Gehirn einen immer wiederkehrenden Ablauf als Routine und damit als Gewohnheit ansieht und auch abspeichert, dauert es jedoch häufig relativ lange. Daher funktionieren Diäten auch so schlecht, diese sind nämlich nicht auf diesen langen Zeitraum, sondern nur auf einen kurzfristigen Erfolg ausgerichtet. Neueste wissenschaftliche Studien zeigen, dass es im Durchschnitt 66 Tage dauert, um eine neue Gewohnheit zu festigen. Diese Zahl soll Sie nicht abschrecken.

Sehen Sie es positiv, was sind schon 66 Tage, wenn Sie ein Leben lang vom positiven Umschwung profitieren können? Aber: Es ist natürlich schon etwas Ausdauer gefragt. Im Prinzip ist dieses Konzept Ihres Gehirns doch ganz nachvollziehbar. Es will nichts aufgeben, was es schon kennt und so praktisch erscheint. Sie müssen aber vielleicht auf die Schokolade am Abend verzichten, weil Ihre Blutzuckerwerte eine Diabeteserkrankung erahnen lassen. Essen Sie weiterhin Schokolade, freut Ihr Gehirn sich. Verzichten Sie auf Schokolade, hat Ihr Gehirn vielleicht erst einmal ein Problem, weil ihm die Routine wegbricht, aber Ihre Blutzuckerwerte werden es Ihnen danken. Dann müssen Sie vielleicht kein Insulin spritzen und gehen anderen lästigen Begleiterscheinungen dieser oder einer anderen Erkrankung gekonnt aus dem Weg.

Gewohnheiten sind an sich nichts Schlechtes. Ohne eine gewisse Routine wäre unser Alltag gar nicht zu bewältigen. Sie starten – wie wir alle – jeden Tag aufs Neue einen ganzen Katalog an routinierten Abläufen. Dabei machen Sie sich schon lange keine Gedanken mehr über die Reihenfolge dieser Tätigkeiten. Der Wecker weckt Sie, wenn Sie einer geregelten Arbeit ohne Schichtdienst etc. nachgehen, immer zur gleichen Zeit. Sie schlüpfen in Ihre Hausschuhe, gehen zur Toilette, waschen sich die Hände, putzen die Zähne, duschen, trocknen sich ab, ziehen sich an und so weiter. Was wäre, wenn hier das Gehirn über jede noch so kleine Handlung eingehend nachdenken müsste? Wenn es jedes Für und Wider abwägen wöllte?

Alle erdenklichen Wege durchspielen müsste? Denken Sie, Sie würden das Bad oder vielleicht sogar das Bett an diesem Tag wirklich verlassen können? Vermutlich würden Sie zumindest zu spät bei der Arbeit erscheinen. Was denken Sie, würden Sie Ihrem Chef als Entschuldigung auftischen? – „Entschuldigung für mein Zuspätkommen.

Mein Gehirn war mit meiner Morgentoilette restlos überfordert, es erstellte ein Konzept nach dem anderen, nur um es wieder zu verwerfen. Ähnlich wie bei unserem letzten Projekt für diesen schwierigen Kunden, erinnern Sie sich noch? Deswegen habe ich bis nachmittags im Bad gebraucht und konnte jetzt erst zur Arbeit erscheinen!"

Klingt im ersten Moment vielleicht sogar lustig oder total überzogen, aber es ist nun einmal so, wie es ist. Sie würden Ihr komplettes Leben nicht mehr auf die Reihe bekommen, wenn diese Routine des Alltags nicht wäre. Haben Sie sich je Gedanken darüber gemacht, wie fest man auf eine Zahnpastatube drücken muss oder wie viel ml Duschgel Sie zum Duschen benötigen? Über all das würde sich sonst Ihr Gehirn selbst zermartern. Außerdem könnten Sie nicht mehr mehrere Dingen nebeneinander erledigen.

Gerade in unserer schnelllebigen Zeit ist Multitasking schon fast ein Muss. Sie trinken Kaffee, lesen die Zeitung und hören dabei Radio. Völlig normal für Sie, oder? Das wäre jedoch nicht möglich, wenn Ihr Gehirn über alles nachdenken und sich auf alles total konzentrieren müsste, damit dieser Ablauf überhaupt gelingen kann. Es würde nicht nur länger dauern, es wäre auch deutlich anstrengender.

Daher sorgt unser Gehirn dafür, dass alltägliche Abläufe mit der Zeit zur Gewohnheit, also zur Routine werden. Dabei merkt es sich nur die Abläufe, die auch erfolgreich durchgeführt werden (z. B. Zähneputzen, Kaffee trinken, Zeitung lesen). Bei jedem Erfolg merkt sich das Gehirn diesen Erfolg und signalisiert uns das deutlich. Daher denken wir über diese Abläufe nicht mehr nach, weil sie von selbst funktionieren. Bewegungen passieren wie von Geisterhand. Daher können Sie sich manchmal gar nicht mehr erinnern, ob Sie Ihre Zähne geputzt haben, und sind selbst erstaunt darüber, wenn Sie sich dessen vergewissern konnten.

GEWOHNHEITEN ENTSTEHEN IM GEHIRN

Aber wie genau entstehen Gewohnheiten? Im Prinzip ist es ganz einfach. Eine neue Handlung, ein neuer Bewegungsablauf, benötigt am Anfang Ihre ganze Aufmerksamkeit. Mehrfach werden vielleicht vorab schon verschiedenste Szenarien durchgespielt, um die schlechtesten Methoden gleich ohne praktische Erprobung direkt zu verwerfen. Dies spielt sich im vorderen Bereich des Gehirns, im Bewusstsein, ab. Sie setzen sich also mit diesen Dingen ganz gezielt und daher bewusst auseinander. Jeder gelungene Ablauf wird von Ihrem Gehirn als äußerst positiv wahrgenommen.

Mit jeder weiteren Durchführung der Tätigkeit rutscht das erfolgreiche Konzept des Handlungsablaufs in immer tiefere Regionen im Gehirn. Die bewusste Durchführung verblasst also zusehends. Im Unterbewusstsein angekommen, werden dann die gleichen Abläufe nicht mehr bewusst, sondern unbewusst durchgeführt. Das menschliche Gehirn ist also ganz schön durchdacht, im wahrsten Sinne des Wortes. Durch dieses Verschieben in das Unterbewusstsein hat es wieder mehr Platz und Freiraum für alles Neue. Es werden Kapazitäten und Speicherregionen im Gehirn freigeräumt durch das Programmieren von Gewohnheiten.

Gerade in unserer schnelllebigen Zeit, wo schier überall Informationen und Reize herumschwirren, ist dies ein willkommenes Konstrukt, wichtige Dinge von unwichtigen zu unterscheiden. Daher werden Abläufe, die nur wenige Male durchgeführt werden, nur oberflächlich gespeichert und irgendwann – bei unterlassener Durchführung – auch wieder vergessen. Außerdem benötigt unser Gehirn noch Kapazitäten für alles andere, z. B. für den Erhalt der Körperfunktionen (z. B. Funktion der Organe, Wachsen der Fingernägel, Regulierung der Körpertemperatur), um Sinneswahrnehmungen zu verarbeiten,

Informationen zu filtern oder um Entscheidungen treffen zu können.

Ohne die Macht der Gewohnheiten und deren Abspeicherung im Unterbewusstsein wäre unser Gehirn täglich massiv überfordert. Es wüsste gar nicht, wohin mit all diesen Informationen, könnte diese nicht sortieren und einordnen und es könnte Abläufe nicht starten oder erfolgreich durchführen. Kurzum: Ohne Gewohnheiten wäre der Mensch nicht lebensfähig, weil das Gehirn, ähnlich wie eine Sicherung im Kasten, durchbrennen würde.

Durch das unterbewusste Abspulen alltäglicher Abläufe können wir unseren Alltag überhaupt auf die Reihe bekommen und gehen nicht im völligen Chaos unter. Es muss eben nicht über jede noch so kleine Bewegung exzessiv nachgedacht werden, sondern wir sind befähigt, uns auf das derzeit Wichtige zu konzentrieren.

DIE MACHT DER GEWOHNHEITEN

Sie sehen selbst, die Macht der Gewohnheit steuert nahezu unser ganzes irdisches Sein, alles, was uns Menschen ausmacht. Dieser Prozess beginnt mit unserem ersten Lebenstag und endet mit unserem letzten. Wir müssen alles hunderte Male erproben, durchspielen, scheitern, wieder aufstehen und immer wieder den einen optimalen Lösungsweg finden, um diesen dann als Gewohnheit langfristig in unserem Gehirn abspeichern zu können.

Das beste Beispiel ist hier vielleicht das Erlernen des aufrechten Ganges. Ein Kleinkind erprobt diesen Vorgang monatelang. Immer wieder, jeden Tag aufs Neue. Bis es aber so weit ist, vom Aufstehen über die ersten freien Schritte bis hin zu der Fähigkeit, selbstständig zu laufen, vergehen unzählige Versuche und Misserfolge. Aber das Kind gibt nicht auf und irgendwann ist er da, der kleine, zaghafte und wackelnde erste Schritt in ein selbstbestimmtes Leben. Erst, wenn etwas zu einer Gewohnheit geworden ist, läuft die Handlung automatisch ab. Daher machen Sie sich als erwachsene Person über den Bewegungsablauf des Gehens keine Gedanken. Außer es schmerzt Sie an irgendeiner Stelle, dann rückt genau dieser Ablauf wieder ins Bewusstsein und Sie merken auf eine schmerzvolle Art und Weise, welche Funktion das Gehen wirklich hat und wie viel hierfür benötigt wird.

Leider gilt diese Gewöhnung auch für Abläufe, die eigentlich schlecht für uns sind. Daher ist es auch nicht immer so einfach, diese wieder loszuwerden. Möchten Sie beispielsweise weniger Chips essen, dürfen Sie auch keine mehr kaufen. Sind die Chips erst einmal in Ihrer Wohnung, werden Sie immer wieder an deren herrlichen Geschmack denken und Sie werden früher oder später wieder danach greifen. Haben Sie vor, weniger Zeit mit Ihrem Smartphone zu verbringen, dann müssen Sie dieses auch konsequent ausschalten und beiseitelegen. Sie werden erstaunt sein, wie viel Freizeit Sie plötzlich haben werden.

Gewohnheiten und Forschung

Zahlreiche Forscher haben sich bereits mit der Macht der Gewohnheit auseinandergesetzt und vermutlich werden es ihnen auch noch viele gleichtun. Nicht nur psychologische Studien wurden bereits erfolgreich durchgeführt, es besteht tatsächlich auch ein industrielles und wirtschaftliches Interesse, Gewohnheiten durch technische Gerätschaften positiv zu verändern.

Unruhestifter

Kuriose technische Errungenschaften wurden deshalb beispielsweise schon erfunden. An der Universität Siegen haben ein Psychologe und ein Industriedesigner „Unruhestifter“ ins Leben gerufen. Durch diese soll das Abtrainieren von Alltagsgewohnheiten, die unliebsamer Natur sind, unterstützt werden. Diese Trainingsgeräte sollen einen Anstoß zur eigenen Veränderung geben, indem Sie den Menschen nötigen, aus seiner Routine auszubrechen. So wurde von diesen Forschern z. B. der „Keymoment“ entwickelt – eine Art Schlüsselbrett für den Autoschlüssel auf der einen und den Fahrradschlüssel auf der anderen Seite. Greift man nun nach dem Autoschlüssel, fällt aufgrund des fehlenden Gegengewichtes der Fahrradschlüssel herunter, sodass man ihn entweder auffangen oder aufheben muss. Durch dieses nochmalige Nachdenken darüber, ob der Pkw wirklich das sinnvolle Beförderungsmittel ist, hält man kurz inne und überdenkt das eigene Vorhaben noch einmal. Dadurch ist man nun in der Situation, sich bewusst für oder gegen das Kraftfahrzeug entscheiden zu müssen. Unter Umständen greift man so das eine oder andere Mal häufiger zum Fahrrad.

Der interaktive Duschvorhang ist eine weitere innovative Errungenschaft dieser Forscher. Mittels eines Bedienteils wird dieser Vorhang gesteuert. Jeder „Mitduscher“ erhält eine ihm zugewiesene Farbe auf dem Bedienteil, die er vor dem Duschen drückt. Seine Farbe erscheint als großer Punkt auf dem Vorhang und enthält bei voller Füllung 60 l Wasser. Mit jedem Liter, der verduscht wird, wird dieser Punkt kleiner und kleiner. So kann man seinen ausgedehnten Arien in der Dusche ein Ende setzen, da wir alle danach streben, besser zu sein wie der andere. Man ist bemüht, weniger Wasser zu verbrauchen, um einen größeren Punkt zu hinterlassen. So bricht man mit seinem alten Muster und spart neben der Zeit und dem Wasser auch noch Geld. In Sachen Nachhaltigkeit, einem der prägendsten Themen unserer Zeit, eine optimale Verbesserung.

Die Stromsparraupe wurde auch von diesen Forschern entwickelt. Diese windet sich und piepst, wenn Geräte (z. B. der Fernseher) in den Standby-Modus geschaltet werden. Durch dieses nervige Geräusch und das vielleicht auch etwas unheimliche Winden der Raupe soll der

Mensch daran erinnert werden, dass es Quatsch ist, Geräte anzulassen, obwohl man sie derzeit nicht benötigt. Man ist gezwungen, das Gerät auszuschalten oder gar den Stecker zu ziehen. So verlässt man wieder die gewohnte Komfortzone, bricht mit seinen Gewohnheiten und drückt eben nicht nur einen Knopf. Man muss hierbei selbst aktiv werden, aufstehen und das Gerät ausschalten oder ausstecken. Natürlich können Sie auch Steckdosen oder Mehrfachleisten mit Kippschalter anbringen, dies funktioniert genauso, jedoch ist dies bei Weitem nicht so unterhaltsam und Sie werden daran auch nicht akustisch erinnert.

Alltagsdinge

Vieles hat sich mittlerweile in den Alltag integriert, ist also auch zu einer Gewohnheit geworden, von dem wir gar nicht dachten, jemand hätte sich je Gedanken darüber gemacht. In öffentlichen Toiletten kleben in den Pissoirs der Männer häufig kleine Bildchen, verändern Aufkleber ihre Gestalt oder sorgen Fußballtore für bessere Treffsicherheit beim Toilettengang. Dies ist nicht einfach so entstanden, sondern aus der Not heraus. Sie können sich mit Sicherheit vorstellen, wie öffentliche Toiletten häufig aussehen, vielleicht sind Sie selbst schon einmal in diesen fragwürdigen Genuss gekommen, weil Ihnen schlicht nichts anderes übrigblieb.

Viele Sanitäreinrichtungen treiben einem regelrecht einen Schauer über den Rücken. Dort, wo allerdings Bildchen oder Förmchen ein „Hier hin“ signalisieren, geht es deutlich sauberer zu. Leider neigen wir Menschen dazu, immer den bequemsten Weg zu wählen und weil es sich nicht um die eigene, heimische Toilette handelt, die wir demzufolge dann auch nicht reinigen müssen, ist es uns meist egal, wie wir diese hinterlassen. Ihnen nicht, das ist klar, aber den meisten Menschen eben schon, daher sehen öffentliche Sanitäranlagen auch immer so furchtbar aus. Falls Sie dieses Problem auch zuhause haben, probieren

Sie es mit einem Bienchen in der Toilette. Menschen sind wettbewerbsaffin, man will dieses Tierchen treffen, komme was wolle. Sie werden staunen, wie viel Kind in erwachsenen Menschen steckt und wie schnell dieser Spieltrieb geweckt werden kann.

Finanzielle Anreize sind häufig auch nicht zu verachten in Ihrer Wirkung, aus der gewohnten Routine auszubrechen. So ist es beispielsweise in vielen Cafés mittlerweile Standard, dass ein Kaffee in einem mitgebrachten Mehrwegbecher weniger kostet als in einem To-Go-Behältnis. Sicherlich muss man dann vielleicht immer wieder dieses Gefäß mit sich herumtragen und dieses auch selbst zuhause reinigen, aber man spart Zeit, Geld und schont die Umwelt in einem nicht unerheblichen Maße. Dies ist allein durch eine winzige Veränderung der Gewohnheiten möglich. Würde dies jeder tun, könnten allein in der Bundesrepublik Deutschland jährlich ca. drei Milliarden Kaffeebecher eingespart werden. Ein Müllberg, dessen Ausmaß Sie sich vermutlich gar nicht vorstellen können, aber schon allein die blanke Zahl lässt einen die Augen aufreißen.

Machen Sie also den ersten kleinen Schritt. Viele Metzgereien bieten mittlerweile Mehrwegbehältnisse an, die Sie per Pfand leihen können. Zahlreiche Lebensmittel können Sie mittlerweile auch im Supermarkt bereits lose genauso kaufen wie in Bündeln verpackt. Sie benötigen nur eine eigene Mehrwegverpackung, welche selbstverständlich auch überall käuflich zu erwerben ist. Die Liste würde sich endlos fortführen lassen, in welch positiver Weise Sie sich, Ihren Mitmenschen, Ihrem guten Gewissen, Ihrer Umwelt usw. etwas Gutes tun könnten, ohne wirklich Großes dafür leisten zu müssen.

Gewohnheiten

WAS SIND GEWOHNHEITEN

Haben Sie sich je gefragt, was Gewohnheiten eigentlich sind? Höchstwahrscheinlich schon, sonst würden Sie dies hier nicht lesen. Sicherlich benützen Sie immer wieder Aussagen wie „das bin ich so gewöhnt“ oder so in der Art. Was versteckt sich jedoch hinter diesem „etwas gewohnt sein“, hinter diesen Gewohnheiten?

Kreislauf

Jede Gewohnheit basiert auf einem stetig gleichen Kreislauf:

• **Auslöser** (z.B. ein wichtiger Geschäftstermin um 08:00 Uhr)

• **Handlung** (z.B. man verspätet sich, weil man im Stau stand)

→ Irritation bei den Mitmenschen stellt sich ein (z. B. wurde auf Sie gewartet, weil Sie das Projekt vorstellen sollten). Ihre Kollegen sind genervt, weil diese auf Sie warten mussten.

• **Belohnung** (der, der zuletzt kommt, erntet immer die meiste Aufmerksamkeit)

→ Man sticht aus der Masse hervor, man fällt auf (dies wird von den meisten Menschen als sehr positiv wahrgenommen).

• **Routine** (man findet das Zuspätkommen besser, als pünktlich zu sein)

→ Das Zuspätkommen wird nicht mehr als Fehlverhalten, sondern als lukrativ empfunden und wird damit langfristig zur Gewohnheit.

Um ein bestehendes Handlungsmuster, eine Gewohnheit, durchbrechen oder verändern zu wollen, muss man im Prinzip diesen Kreislauf erneut gehen. Dies benötigt jedoch Durchhaltevermögen und eine funktionierende Strategie, um diesen Plan zielführend umsetzen zu können.

Definition

Die eine, alles aussagende Definition für Gewohnheiten gibt es hierbei nicht.

Gewohnheiten können von vielen Faktoren betrachtet werden:

• Gewohnheiten sind Handlungsweisen, die so nachhaltig im Gedächtnis verblieben sind, dass sie meist unbewusst ablaufen. Gewohnheiten werden demzufolge nicht mehr bewusst wahrgenommen und nicht mehr bewusst ausgeführt (z. B. das Abschließen des Autos nach dem Verlassen des Fahrzeugs).

• Gewohnheiten können als gespeicherte Lösungen betrachtet werden. Im Laufe Ihres Lebens entwickeln Sie bestimmte Lösungsstrategien in vielen Situationen. Diese Strategien können bei einem erfolgreichen Handeln langfristig als Gewohnheiten abgespeichert werden (z. B. gehen Sie weg, wenn Sie jemand anschreit, um einem Streit aus dem Weg zu gehen).

→ Häufig liegt hier nicht nur ein Segen, sondern auch ein Fluch. Erfahrungen wurden immer in der Vergangenheit gemacht, um das heutige Handeln durch Gewohnheiten zu prägen. Daher passt die Gewohnheit nicht immer. Vielleicht ist man inzwischen viel älter, reifer, hat andere Ansichten, einen Beruf mit mehr Verantwortung, eine Familie zu ernähren usw. Wir Menschen entwickeln uns stetig weiter, in negativer wie in positiver Weise. Daher bringen uns unsere Gewohnheiten nicht immer den gewünschten Erfolg, weil sie zu veraltet und mittlerweile abgedroschen sind.

- Eine Gewohnheit ist eine gleichbleibende Reaktion auf gleiche Bedingungen (z. B. wenn zu Ihnen jemand „Hallo" sagt, grüßen Sie ihn zurück).
- Gewohnheiten gibt es in drei Dimensionen: Denken, Fühlen und Verhalten.
- Gewohnheiten entlasten uns. Sie ersparen es uns, immer wieder über die gleichen wiederkehrenden Dinge und Abläufe nachdenken zu müssen.
- Gewohnheiten müssen nicht nur einen Menschen betreffen, sondern können ganze Gruppen vereinnahmen. Dann werden diese gewohnten Abläufe als Sitte oder Bräuche bezeichnet.
- Gewohnheiten sparen Zeit. Sicherlich haben Sie schon einmal den Ausdruck „die Macht der Gewohnheit" als eine Art Ausrede gebraucht. Abläufe gehen schneller, wenn man sie gewohnt ist, weil man nicht lange über andere Lösungsstrategien nachdenken und anschließend abwägen muss, was schlussendlich zu tun ist.
- Gewohnheiten sind im Kern alle gut. Selbst Gewohnheiten, die uns auf die Dauer krank machen oder uns vielleicht sogar ernsthaft bedrohen, sind im Kern gut. Es gibt am Anfang immer einen positiven Nutzen (z. B. Entspannung beim Essen von Schokolade, Geselligkeit beim Rauchen einer Zigarette, nicht über Probleme nachdenken müssen beim Konsum von Alkohol).
- Gewohnheiten wollen nicht aufgegeben werden, sie sind auch nicht begeistert, wenn Sie beschließen, diese ablegen zu wollen. (Sie werden anfangs an Ihnen ziehen und zerren. Es liegt an Ihnen, das Band, das Sie mit Ihren alten unliebsamen Gewohnheiten verbindet, zu durchtrennen. Dies kann anfangs etwas schmerzen, wie ein Gummi, der zurückschnalzt, aber der kurze Schmerz wird sich voll und ganz lohnen).

GUTE GEWOHNHEITEN – TUGENDEN

Mit den guten Gewohnheiten eines Menschen sind all seine guten Eigenschaften gemeint. Strebsam, fleißig, treu, ehrlich, pünktlich und so weiter. Je nach Region, Zeitalter, Lebensalter etc. können diese Tugenden massiv schwanken. Freut man sich beispielsweise bei einem Säugling noch über jedes „Bäuerchen“, sieht die Reaktion auf das gleiche Verhalten nur wenige Jahre später komplett anders aus. Ganz zu schweigen, was Ihnen als erwachsenem Menschen an Antworten darauf entgegenschlagen würden.

Wir schätzen vor allem unsere Pünktlichkeit, womit wir häufig im Ausland mit unseren Ansprüchen auf taube Ohren und weit aufgerissene Augen stoßen. Nicht überall scheint man es mit der Pünktlichkeit so ernst zu nehmen wie in Deutschland, wo alles durchgetaktet und minutiös geplant erscheint.

Gute Gewohnheiten machen uns zu einem sozialen Wesen. Empathie, Zufriedenheit, zwischenmenschliches Arbeiten, all das, was eine Gesellschaft benötigt, basiert auf Gewohnheiten. Wut, Unzufriedenheit, unsympathische Eigenschaften, fehlende Empathie etc. können erlernt werden oder sie werden zum Großteil anerzogen. Man kann Menschen nicht auf links drehen, das wissen wir alle. Es gelingt nicht, einen Menschen von Grund auf verändern zu wollen. Aber hier geht es auch nicht darum, andere Menschen verändern zu wollen, damit sie uns gefallen. Hier geht es darum, sich selbst gute Gewohnheiten zu erhalten und aufzubauen.

Gute Gewohnheiten sind nicht immer das, was auch andere Menschen als gute Gewohnheiten bezeichnen. Sicherlich müssen Sie, um ein glückliches Leben führen zu können, ein gewisses Maß an Rücksichtnahme gegenüber anderen Menschen pflegen, jedoch dürfen Sie auch bei Ihren Gewohnheiten etwas egoistisch sein. Wenn Sie etwas gerne machen (z. B. täglich beten, regelmäßig nackt im Eis baden gehen, nur pinke Klamotten anziehen) und dies niemand anderem schadet, kann es Ihnen egal sein, ob es anderen gefällt oder eben nicht. Ihre Gewohnheiten gehören zu Ihnen wie Ihr Herz, Ihr Hirn, Ihre Augenfarbe und all das, was Sie als Individuum ausmacht. Ändern Sie keine Gewohnheiten nur, weil Sie sich von Ihrem Umfeld dazu gezwungen sehen, um irgendeiner Norm zu entsprechen. Vielleicht werden Sie durch eine drohende Erkrankung gezwungen, Ihre Gewohnheiten zu überdenken und diese vielleicht zu ändern. Jedoch müssen Sie diese Änderung auch wirklich in Ihr Leben lassen, Sie müssen dies wirklich wollen, sonst werden Sie immer wieder scheitern. Sie können nicht mit dem Bohren in der Nase aufhören, wenn Sie dies für essenziell und absolut wichtig in Ihrem Leben halten. Dann muss Ihnen jedoch auch die Reaktion Ihres direkten und indirekten Umfeldes egal sein.

Gute Gewohnheiten tun im optimalen Fall Ihnen und allen Menschen, die Ihnen begegnen, gut. Daher ist es auch immer jede Anstrengung wert, schlechte Gewohnheiten in gute umzuwandeln.

Die „deutschen" Tugenden

Gerade wir – im deutschen Kulturkreis – werden immerzu für unsere vermeintlich „deutschen" Tugenden weltweit geschätzt und heben diese selbst nicht minder immer wieder hervor. Es ist müßig, zu eruieren, ob es die „typisch deutschen" Tugenden wirklich gibt, jedoch gibt es Gewohnheiten, die aufgrund gesellschaftlicher Strukturen besonders wachsen können oder eben auch verkümmern.

Sicherlich sind wir geschichtlich gesehen immer vorsichtig beim Umgang mit den deutschen bzw. preußischen Tugenden. Wir alle wissen, dass diese zu Propaganda-Zwecken im preußischen Reich unter Friedrich Wilhelm I. erstmals beschrieben und spätestens in der NS-Zeit massiv zum Schaden anderer ausgenutzt wurden. Können wir trotzdem stolz auf „unsere“ Tugenden sein? Leben wir diese überhaupt? Friedrich Wilhelm I. übernahm bei seiner Thronbesteigung ein furchtbares Chaos. Schulden, Gelder, die irgendwo versickerten, unzufriedene Untertanen, faules Gefolge usw. Er war sich sicher, dass nur mit Tugenden wie Fleiß, Pünktlichkeit und Ordnung der Staat wieder in den Griff zu bekommen war. Was er daraus machte, nämlich einen Militärstaat, mag vielleicht vielen auch im Nachhinein nicht gefallen, aber er ließ Preußen wieder „groß“ werden, sein Königreich blühte unter ihm regelrecht auf.

Anfangs waren die Tugenden nur für hochrangige Mitglieder des Parlaments und für das Militär gedacht. Da sich jedoch die preußische Gesellschaft in all seiner Strenge an der militärischen Organisation orientierte, wurden viele Ansätze und damit auch die Tugenden bald von der gemeinen Bevölkerung übernommen.

Tugenden waren z. B.:

- Ehrlichkeit und Aufrichtigkeit
- Tapferkeit ohne Wehleidigkeit
- Treue (v. a. zum König)
- Mut und Gehorsam
- Härte gegen andere, vor allem aber gegen sich selbst
- Fleiß und Bescheidenheit
- Gerechtigkeitssinn
- Ordnung und Gewissenhaftigkeit
- Pflichtbewusstsein und Pünktlichkeit
- Toleranz
- Gottesfurcht bei bestehender Religionsfreiheit
- Sparsamkeit
- und viele weitere mehr

Die Liste würde sich noch länger halten lassen, jedoch haben Sie bestimmt schon gesehen, wie weitreichend die Tugenden gestreut waren. Heute gelten als „die deutschen Tugenden“ vor allem noch Ordnung, Fleiß, Höflichkeit und Pünktlichkeit. Doch wir wissen alle, dass wir nicht immer dieses Klischee erfüllen. Manchmal möchten wir dies auch gar nicht.

Es gab Zeiten, da waren deutsche Tugenden gefragt, dann wurde man geächtet, weil man deutsch war. Jede Zeit bringt Veränderungen mit sich, daher wandeln sich auch immer gute und schlechte Tugenden in einer Gesellschaft. Heute kann man sich wieder auf seine deutsche Herkunft besinnen, auch wenn man nicht deutscher Abstammung ist. Deutschland hat sich geöffnet und damit auch seine vormals als typisch deutsch geltenden Tugenden. Ordnung, Fleiß, Höflichkeit und Pünktlichkeit sind nichts, was uns allein gehört und doch gehört es zu einem gesellschaftlichen Leben – überall auf dieser Welt, mit allen Menschen dieser Welt, egal welcher Abstammung, Rasse, Religion, Hautfarbe und was sonst noch alles einen individuellen und freien Menschen ausmacht. Die deutschen Tugenden haben sich der Welt geöffnet, weil sich die Menschen geöffnet haben – die beste Gewohnheit für ein gutes zwischenmenschliches Miteinander überhaupt vielleicht.

Die sieben Tugenden

Die sieben Tugenden im abendländischen Kulturkreis sind klar definiert:

- Glaube
- Liebe
- Hoffnung
- Weisheit

- Gerechtigkeit
- Tapferkeit
- Mäßigung

Wie viele dieser sieben Tugenden sind Ihnen vertraut? Wie viele davon leben Sie täglich? Keine Sorge, Sie sind kein schlechter Mensch, nur weil Sie sich nicht immer gemäßigt verhalten oder auch einmal Angst haben. Die Festlegung der abendländischen Tugenden galt einst als Maßstab der Vollkommenheit eines Menschen. Wer sich nach diesen richtete, galt als guter und vorbildlicher Mensch, ähnlich wie eine Person, die ein Leben nach den zehn Geboten lebte. Wir alle wissen, dass sich Gesellschaften verändern und Werte, die heute noch als elementar gelten, zählen in wenigen Jahren vielleicht nichts mehr.

SCHLECHTE GEWOHNHEITEN – UNTUGENDEN

Für schlechte Gewohnheiten gibt es zahlreiche Begriffe: Unart, Untugend, Laster, Unsitte, schlechte Neigung und so weiter. Manche bohren in der Nase, kratzen sich in aller Öffentlichkeit an intimen Stellen oder bringen die Geräusche des Darms gekonnt laut zum Ausdruck.

Aber was sind schlechte Gewohnheiten eigentlich? Wie entstehen sie und wie kann man sie ändern? Wie bei jedem Problem kann auch das der schlechten Gewohnheiten nur dann behoben werden, wenn man die Ursache des Ganzen, die Wurzel des Übels, gefunden und verstanden hat. Bevor Sie sich jedoch auf die Suche nach der Ursache machen, müssen Sie sich erst eine Frage stellen: „Warum ist dies eine schlechte Gewohnheit, ist sie wirklich eine?“.

Nicht immer ist das, was Ihr Umfeld als schlechte Gewohnheit an Ihnen wahrnimmt, wirklich eine schlechte Gewohnheit. Aber es kann immer ein Anreiz sein, das eigene Tun und Handeln zu überdenken, zu bewerten und vielleicht dann auch zu ändern. Gewohnheiten sollen in erster Linie Ihr Leben erleichtern. Sie sollen glücklich und zufrieden Ihren Alltag bewältigen können, ohne über jede kleine Regung groß nachdenken zu müssen.

Finden Sie heraus, ob Sie schlechte Gewohnheiten haben. Vermutlich ist Ihnen das eine oder andere schon ein klein wenig negativ aufgefallen, weshalb Sie dieses Buch lesen. Wenn Sie diese Gewohnheiten als schlecht bezeichnen, können Sie diese ändern. Zuerst einmal sollten Sie jedoch verstehen, wie auch schlechte Gewohnheiten in Ihnen entstanden sind und wie diese auch weiterhin entstehen können.

Unser Gehirn ist gut strukturiert und leistet hervorragende Arbeit. Manchmal ist diese Arbeit jedoch zu hervorragend für unsere Lebensführung. In weiten Teilen ist unser Gehirn noch etwas in der Evolution hängen geblieben. Es liebt beispielsweise energiereiche Lebensmittel. Konnte ja keiner ahnen, dass irgendwann Süßigkeiten erfunden werden. Unser Gehirn freut sich über jede Schokolade oder anderen süßen Kram und schüttet das Hormon Dopamin zur Belohnung aus. Durch dieses Hormon fühlen wir uns glücklich und zufrieden, daher wird es auch Glückshormon genannt. Jetzt kommen allerdings die schlechten Gewohnheiten ins Spiel.

Wir essen und trinken zu viel Süßes und unser Gehirn freut sich jedes Mal – weil es immer noch der Meinung ist, Energie wird zur Lebenserhaltung benötigt und „Nimm mit, was du kriegen kannst!“. Wir Menschen haben uns jedoch weiterentwickelt. Es ist nicht mehr nötig, tagelang auf Jagd zu gehen, um etwas essen zu können. Hierzu können wir bequem mit dem Auto in den Supermarkt fahren und uns nach Herzenslust bedienen – einzig und allein den finanziellen Möglichkeiten unterworfen. Demzufolge essen wir mehr Energie, als wir tatsächlich benötigen. Dopamin hin oder her, zu viel Süßes ist einfach nicht gut. Dies soll kein Ernährungsratgeber werden, trotzdem ist es nachvollziehbar, was in dieser Spirale entstehen kann.

Sie kommen beispielsweise abends nach einem anstrengenden Arbeitstag nach Hause und wollen es sich gemütlich machen. Dafür bevorzugen Sie drei Dinge: Couch, Schokolade und Fernseher. Wie finden Sie das? Vermutlich herrlich, geht mir genauso. Ist ja auch nichts dabei. Sie haben hart gearbeitet, jetzt haben Sie sich Ihre Belohnung verdient. Wenn Sie dies jedoch morgen, übermorgen und die gesamte nächste Woche auch so machen?

Dann werden Sie es jeden Tag herrlich finden, weil sich Ihr Gehirn jeden Abend aufs Neue an dieses Gefühl erinnern wird und Ihnen zum Dank jede Menge Dopamin ausschütten wird. Dass Sie davon dick werden können und vielleicht sogar ernsthaft erkranken könnten, spielt hier erst einmal in Ihrem Kopf keine Rolle. In Ihrem Gehirn läuft wieder der Prozess der Speicherung ab. Das immer wiederkehrende erfolgreiche und positive Ritual des Feierabends erlangt einen Gewohnheitsstatus. Es wird vom bewussten Handeln ins Unterbewusstsein verschoben und langfristig gespeichert. Sobald Sie also die Couch in Zukunft belagern, wird dieses Gewohnheitsprogramm abgerufen und Sie greifen wie automatisch nach den Süßwaren. Spätestens ab diesem Moment ist es schwierig, dieses Verhaltensmuster wieder aufzulösen.

Hier tritt das Bewusstsein wieder in den Raum. Man muss sich ganz bewusst gegen den Wunsch des Unterbewusstseins wehren. Dies ist leider, wie zuvor auch beim Speicherprozess der Gewohnheit, nicht mit einem Mal getan, sondern bedarf vieler Male. Eine alte Gewohnheit durch eine neue zu ersetzen, benötigt meist mehr Einsatz, als zuvor die schlechte Gewohnheit zu speichern. Diese muss regelrecht überschrieben werden, wie bei einem elektronischen Gerät, das Sie erst formatieren, um es dann neu zu beschreiben und für das Speichern von

Daten nutzen zu können.

Dies gelingt mit bloßer Willenskraft? Vermutlich würde es dies, aber kennen Sie dieses Sprichwort vom willigen Geist und dem schwachen Fleisch? Pure Willenskraft würde nur dann ausreichen, wenn wir nicht ständig dazu neigen würden, Ausnahmen machen zu wollen. Hier eine Ausnahme, dort eine Ausnahme und das alte routinierte Handeln nimmt wieder mehr Raum in unserem Leben ein. So hat eine neue Gewohnheit schier keine Chance, gefestigt zu werden. Spätestens in Stresssituationen, in Feierlaune oder durch Ablenkungen verschiedenster Art verfallen wir immer wieder in die alten Muster zurück.

Daher brauchen wir Strategien, die wirklich funktionieren, unsere Gewohnheiten langfristig vom negativen Sektor in den positiven Sektor zu bewegen. Vielleicht hilft es bereits, statt Süßwaren Obst oder Gemüsesticks auf den Wohnzimmertisch zu stellen. Dann essen Sie auch etwas und durch das Obst nehmen Sie ebenfalls Zucker auf, folglich wird auch Dopamin von Ihrem Gehirn ausgeschüttet und Sie fühlen sich ebenso glücklich und zufrieden. Für die Skeptiker unter uns: Wir alle wissen, dass zu viel Fruchtzucker auch nicht des Rätsels Lösung ist, aber Obst ist immer noch besser als Süßigkeiten, da sind wir uns dann doch hoffentlich einig.

Oder Sie verzichten auf Ihr heiß geliebtes Sofa und schwingen sich stattdessen auf Ihren Heimtrainer. Dann können Sie fernsehen und verbrennen nebenher noch Kalorien. So halten Sie sich auch besser für Ihren stressigen Arbeitsalltag fit. Gefällt Ihnen nicht? Vielleicht treffen Sie sich lieber mit Ihren Freunden auf eine Partie Squash? Jede noch so kleine Veränderung wird einen positiven Einfluss auf Sie haben, solange Ihre drei Favoriten abends nicht mehr Couch, Fernseher und Schokolade heißen. Selbstverständlich sollten Sie die Schokolade nicht durch Alkohol oder Chips ersetzen. Dies würde zwar auch zu einer neuen Gewohnheit führen, relativ leicht sogar, doch es würde das

Ziel eindeutig verfehlen.

Egal, was Sie tun, Sie müssen es beginnen, und zwar mit dem ersten Schritt. Trotz aller Strategien – schlechte Gewohnheiten zu ändern ist immer mit einer Anstrengung verbunden, leicht wird es nicht und von selbst geht es schon gleich gar nicht. Sie waren aktiv beim Aufbau der schlechten Gewohnheiten, deshalb müssen Sie auch wieder aktiv werden, diese durch neue und bessere Gewohnheiten zu überschreiben.

Ihr alter Plan vom Leben

Sie hatten einen alten Plan von Ihrem Leben. Jetzt möchten Sie einen neuen Plan entwerfen und aktiv diesen neuen Plan umsetzen, deshalb lesen Sie dieses Buch. In Ihrem alten Leben haben sich im Laufe der Zeit viele Gewohnheiten wie von selbst eingeschlichen. Viele davon schätzen Sie, den meisten Automatismen sind Sie sich vielleicht gar nicht wirklich bewusst. Wer macht sich schon groß Gedanken über etwas, das wie von selbst läuft und auch noch optimal funktioniert.

Es geht auch nicht darum, jede kleinste Handlung in Zukunft zu durchdenken und jedes Ritual zu überdenken. Das, was gut ist und seine Funktion erfüllt, sollten Sie beibehalten und weiterhin automatisch in Ihrem Alltag ablaufen lassen. Vielmehr geht es um diese Gewohnheiten, die Ihnen entweder nicht gefallen (z. B. Rauchen, Nägel kauen, ständiges zu spät kommen) oder Ihnen wirklichen Schaden zufügen (z. B. Rauchen, Konsum von Süßwaren, Alkohol) und Sie vielleicht schon krank gemacht haben oder dies noch tun können.

Das Damoklesschwert der Erkrankung schwebt immer über uns allen, jedoch ist es wissenschaftlich, von verschiedensten Fakultäten, erwiesen, dass unser Lebensstil sehr wohl einen großen Einfluss auf Gesundheit und Krankheit hat. Falls Sie rauchen sollten, haben Sie bestimmt schon das eine oder andere Mal gehört: „Hör auf damit, davon bekommst du Lungenkrebs!“. Sie haben dann bestimmt den Kopf geschüttelt und versichert, dass auch Menschen, die noch nie eine Zigarette in der Hand hatten, an diesem erkranken und vielleicht sogar versterben. Die Zahlen in medizinischen Abhandlungen haben dazu eine sehr eindeutige Meinung: acht von zehn Lungenkrebspatienten sind oder waren Raucher, einer (also der neunte) hat oder hatte beruflich mit Giftstoffen zu tun (z. B. im Bergbau, in der Lackierung, bei Arbeiten mit Asbest) und lediglich bei einem (also dem zehnten) von zehn Menschen treffen diese Kriterien nicht zu.

Dann ist es möglich, dass dieser Patient schon einmal eine Krebserkrankung hatte und sich nun Metastasen in der Lunge hervorgetan haben oder einfach eine familiäre Veranlagung vorliegt. Zu diesem zehnten von zehn Menschen zählen dann logischerweise auch jene Patienten, bei denen keine Ursache des Lungenkrebses ermittelt werden kann. Auch erkrankt nicht jeder Raucher automatisch an Lungenkrebs, einem Raucherbein oder an einer anderen, vorwiegend dem Konsum von Zigaretten zugeschriebenen, Erkrankung. Dies kann Ihnen auch im Prinzip egal sein. Studien sind das eine, Ihre Realität ist das andere. Sollten Sie erkranken, ist dies immer von gravierender Bedeutung. Ob Sie vorher geraucht haben oder nicht, ist dann schlussendlich auch egal. Trotzdem können Sie durch ein Ändern Ihrer Gewohnheiten vielleicht diesem Schicksal aus dem Weg gehen.

Durch mehr Sport, weniger Süßigkeiten, kaum Alkohol, dem Verzicht auf Nikotin etc. kann ein völlig neues Lebensgefühl entstehen, dass Sie am Ende trotz aller Strapazen auch glücklicher machen wird. Gesundheit ist des Menschen höchstes Gut. Leider merken wir immer nur dann, wie wertvoll Gesundheit ist, wenn es zwickt und zwackt und uns der Körper nicht mehr gehorcht.

DIE GESCHICHTE VOM INNEREN SCHWEINEHUND

Leider ist der innere Schweinehund kein Märchen, eine Legende oder eine blanke Sage. Es gibt ihn wirklich. Dieser imaginäre „Freund", der uns in vielen Lebenslagen begleitet, hat seine guten Seiten. Er bewahrt uns vor Überlastung, vor Gefahren oder auch vor misslichen Lagen.

Ginge es jedoch nach ihm, würde es nie eine Veränderung in den Lebensgewohnheiten geben. Veränderungen sind dem inneren Schweinehund nicht geheuer, weil diese keine gewohnte Situation darstellen. Deshalb stellt er sich uns immer wieder in den Weg, wenn es um das Ablegen von alten Gewohnheiten geht und auch, wenn wir vorhaben, neue Gewohnheiten einziehen zu lassen.

Wir können ihn nicht abschütteln. Auch, wenn Sie das vielleicht schon sehr oft probiert haben, es wird Ihnen nicht gelingen. Aber Sie können ihn überwinden. Überzeugen Sie Ihren inneren Schweinehund, wie viel praktischer und wichtiger die neue Gewohnheit in Ihrem Leben ist, lässt er sich schließlich überzeugen und wird dann an dieser neuen und hoffentlich besseren Gewohnheit mit der gleichen Intensität festhalten wie an jener zuvor.

So kann der innere Schweinehund überwunden werden:

- Finden Sie etwas, dass Sie wirklich motiviert (z. B. eine Gewichtsabnahme, um wieder in die Lieblingsklamotten hinein zu passen).
- Beginnen Sie jetzt, schieben Sie Ihre neue Gewohnheit nicht immer wieder vor sich hin („Irgendwann mache ich das einmal" hat ausgedient, Ihr innerer Schweinehund wird sonst immer neue Ausreden finden können).
- Belohnen Sie sich. Wichtig ist nur, dass die Belohnung nicht gegen das gewünschte Ziel arbeitet (z. B. sollten Sie sich nicht mit Süßigkeiten für Ihr Tun belohnen, wenn Sie sich zu einer besseren und ausgewogeneren Ernährung motivieren möchten).
- Planen Sie Ihre neue Gewohnheit konkret. Pläne sind immer ein probates Mittel, Ziele leichter und einfacher zu erreichen.
- Halten Sie sich immer wieder Ihr gewünschtes Ziel vor Augen, das hilft beim Durchhalten.

- Suchen Sie sich einen Mitstreiter (z. B. die beste Freundin). Gemeinsam sind neue Gewohnheiten leichter zu erlernen und man kann sich gegenseitig den inneren Schweinehund klein machen (Wenn Sie mit dem Rauchen aufhören möchten, motivieren Sie Ihren Partner ebenso dazu. Sind keine Zigaretten mehr im Haus, fällt das Verzichten gleich leichter).

→ Sobald Ihr innerer Schweinehund merkt, dass Sie das Kommando haben, wird er ganz brav. Merkt er dann noch, wie viel besser die neue Gewohnheit für Sie ist, ist auch der innere Schweinehund vollends davon überzeugt.

Gewohnheiten - geht weg und kommt her!

GEWOHNHEITEN AUFBAUEN

Wir Menschen bauen Gewohnheiten auf mit dem ersten Tag unseres Lebens. Glauben Sie nicht? Studien sprechen da eine sehr eindeutige Sprache. Säuglinge, die immer gleich bei jedem Zucken Körperkontakt und somit Bestätigung erfahren, schreien deutlich mehr (und fordern somit diese Bestätigung ein) als andere. Viele Gewohnheiten sind wichtig für uns, unseren Alltag und unser gesellschaftliches Leben. Ohne Rituale und automatisierte Abläufe wären wir nicht lebensfähig.

Wir würden viel zu lange über jeden noch so kleinen Handstrich nachdenken, bevor wir je aktiv werden würden. Ohne Gewohnheiten würden wir vor einem offenen und vollen Kühlschrank verhungern, im Bad nicht wissen, was zu tun ist und erst recht keiner geregelten beruflichen Tätigkeit nachgehen können.

Eines ist sicher: Wir brauchen Gewohnheiten. Es ist wichtig für uns, dass wir uns die Schuhe binden können, ohne uns vorher ewig Gedanken darüber zu machen. Aber nicht alles, was wir gewohnt sind, ist auch wirklich wichtig und richtig. Logischerweise möchten wir uns auch nicht von allem trennen, was uns lieb geworden ist. Gute von schlechten Gewohnheiten zu unterscheiden, ist häufig nicht ganz so einfach. Auf die Tafel Schokolade muss man nicht zwingend verzichten, aber jeden Abend sollte sie vielleicht nicht gegessen werden. Sie haben ein persönliches Interesse daran, Krankheiten und anderen Einschränkungen vorzubeugen. In vielen Gaststätten ist mittlerweile das Rauchen verboten. Als Raucher könnten Sie in die Situation kommen, ganz allein im Winter draußen rauchen zu müssen. Was vorher hauptsächlich mit Geselligkeit verbunden wurde, isoliert Sie plötzlich sozial. Auch das kann einen ersten Schritt zum Ändern der Gewohnheiten und zum Aufbau neuer und besserer Gewohnheiten bewirken.

GEWOHNHEITEN ÄNDERN

Gewohnheiten zu ändern heißt meist, schlechte Gewohnheiten in bessere umzuwandeln. Häufig beginnt man mit einer sehr hohen Erwartungshaltung. Gehören Sie auch zu den Menschen, die sich immer wieder aufs Neue an Silvester vornehmen, es im nächsten Jahr besser oder zumindest anders zu machen? Wie oft wollten Sie schon abends ohne Schokolade oder Chips auf dem Sofa auskommen oder wie oft haben Sie schon versucht, weniger zu rauchen, weniger Alkohol zu trinken, Gewicht zu verlieren oder weniger Geld für Shopping auszugeben? Immer wieder haben diese hochgesteckten Ziele in einem abrupten Ende ihren Ausklang gefunden, weil die Ziele gar nicht erreicht werden konnten. Auch hier rückt wieder der erste Schritt in den Fokus. Als Allererstes müssen Sie sich einen vernünftigen Plan machen.

→ Was möchten Sie konkret verändern? Welche Gewohnheit möchten Sie ablegen?

→ Sie möchten abends ohne den Genuss von Chips und Schokolade auskommen.

→ Sind Sie wirklich bereit, auf diese lieb gewonnene Routine zu verzichten?

→ Es hilft Ihnen nicht weiter, wenn Sie nur notgedrungen Ihr Verhalten ändern wollen oder gar, weil es Druck von außen (z. B. vom Partner) gibt. Sie müssen eine positive Veränderung wirklich wollen. Möchten Sie erst gar nicht auf die Chips verzichten, weil Sie beispielsweise essen können, was Sie wollen, ohne dabei zuzunehmen, dann belassen Sie die Situation bitte, wie Sie ist. Hätten Sie gerne eine Veränderung, müssen Sie dieses Vorhaben auch in sich festigen.

→ Entwickeln Sie Strategien, die Sie in diesem Umschwung wirklich weiterbringen!

→ Sie möchten auf Ihren abendlichen Konsum von Süßwaren und Chips verzichten und müssen sich daher Gedanken machen, mit welcher neuen Gewohnheit Sie die alte ersetzen könnten.

→ Vielleicht bevorzugen Sie eine Platte mit Obst oder einen Teller mit Gemüsesticks und fettarmem Dip? Sie könnten auch auf zuckerfreie Kaugummis zurückgreifen. Was essen Sie gerne und ist gesund? Ihrer Kreativität sind hier keine Grenzen gesetzt, sofern Sie sich damit abends gesünder ernähren können.

→ Wissenschaftliche Studien haben gezeigt, dass kleine Etappenziele leichter zu erreichen und einzuhalten sind als große, schier übermächtige Visionen. Sie müssen daher nicht komplett auf Essen abends auf dem Sofa verzichten, Sie müssen dieses Essen nur nach und nach gesünder gestalten. Vielleicht bleiben Sie dann bei diesen abendlichen Snacks oder Sie kommen irgendwann ganz ohne diese aus.

→ Kaufen Sie einfach keine Chips mehr oder stellen Sie sich selbst Hürden. Sollten Sie die Chipspackungen im Wohnzimmer lagern, fällt Ihnen dieser Weg zur „Beschaffung“ am Abend relativ leicht. Müssen Sie hierfür aber extra in den Keller laufen, sieht die Welt gleich anders aus. Immer wieder werden Sie zu sich selbst sagen, dass Sie keine Lust haben, extra in den Keller zu gehen, und Sie werden daher immer öfter auf Chips und Süßwaren am Abend verzichten. Ändern Sie die Ausgangssituation, verändern Sie also die gesamte Situation.

→ Was bringt Ihnen die schlechte Gewohnheit?

- Sie haben es sich angewöhnt, abends Chips zu essen, weil Sie sich davon einen Nutzen versprochen haben. Dieser ist natürlich auch in

Form von Zufriedenheit, Entspannung, Dopamin-Ausschüttung etc. eingetreten. Daher konnte aus so etwas Harmlosem wie hier und da einmal Chips oder Süßwaren naschen eine feste Gewohnheit entstehen. Diese ist erst einmal sehr stabil, da unser Gehirn weiß, das Gewohnheiten wichtig für uns sind. Unser Gehirn sieht im Konsum von Chips und anderem Süßkram nichts Verwerfliches. Es findet es super und dankt es Ihnen mit jeder Menge Glücksgefühlen!

· Jetzt sind Sie aber nicht nur Ihr Gehirn allein, auch wenn dieses selbstverständlich von elementarer Bedeutung ist. Die Gewohnheit war also nicht immer schlecht, Sie ist es erst mit der Zeit geworden. Nur, weil es am Anfang eine positive Gewohnheit war, konnte sich diese so schnell und unbemerkt in Ihnen festigen. Ihr Körper rebelliert irgendwann gegen dieses ständige abendliche und vor allem ungesunde Essen. Sie werden, sollten Sie sich nicht zum Ausgleich ausreichend bewegen, immer mehr an Gewicht zulegen und damit vielen Erkrankungen Tür und Tor öffnen.

→ Halten Sie an Ihrem starken Willen fest!

→ Nur weil die Chipspackungen weggeräumt sind oder durch gesündere Snacks ersetzt wurden, sind der Wunsch und das Bedürfnis, der alten Gewohnheit nachzugehen, nicht gleich verschwunden. Ähnlich einem Poltergeist wird in Ihnen immer wieder der Gedanke an Chips durch Ihren Kopf geistern. Halten Sie durch, halten Sie an Ihrem starken Willen fest und halten Sie sich immer wieder vor Augen, was Sie erreichen möchten. Der erste Schritt ist bekanntlich immer der schwerste – wenn dieser getan wurde, sind Sie auf einem guten Weg.

→ Nur positive Ziele bringen Sie weiter!

→ Das Ziel, dass Sie erreichen möchten, muss positiv von Ihnen wahrgenommen werden. Sie möchten auf Chips verzichten, weil Sie sich gesünder und fitter fühlen möchten. Daher wollen Sie Gewicht verlieren. Um nicht die Ernährung des gesamten Tages auf den Prüfstand stellen zu müssen, beginnen Sie damit, die Chips am Abend wegzulassen. Dadurch rückt Ihr Ziel in greifbare Nähe. Sie selbst werden aktiv, daher hat ein Erfolg für Sie auch eine immense innere Bedeutung. Wenn Sie ein positives Ziel verfolgen, haben Sie eine hohe Chance, dies auch zu einer neuen und vor allem guten Gewohnheit werden zu lassen.

→ Allein ist die Last sehr groß!

• Vielleicht suchen Sie sich bei Ihrem Vorhaben einen „Gleichgesinnten". Ihr Vorhaben, abends auf Chips und anderen Süßkram zu verzichten, lässt sich nicht durchhalten, wenn Ihr Partner genau das Gegenteil anstrebt. Isst Ihr Partner das ungesunde Essen, werden auch Sie trotz aller guten Vorsätze wieder sehr schnell danach greifen. Sie verbinden auch zu viel Positives mit dem eigentlich unliebsamen Ritual. Geselligkeit, Zufriedenheit, Entspannung und vieles mehr assoziieren Sie damit, gerade zu Beginn Ihres Wechselns der Gewohnheiten. Hier kann jemand, der Sie unterstützt, wahre Wunder bewirken.

• Vielleicht empfindet es Ihr Partner bereits auch als Last, dieses Laster des abendlichen Chipskonsums mit sich herumzutragen. Gemeinsam sind Sie hier wirklich stark. Sie kennen beide Ihr Problem, Sie wissen um Ihren Wunsch, dies langfristig zu ändern, und Sie wissen beide, dass der Weg dahin nicht nur leicht sein wird. Trotzdem können Sie sich beide immer wieder in Ihrem Vorhaben bestärken und das eine oder andere Mal auch einmal den Partner vor einem Rückfall in alte Gewohnheiten abhalten.

→ Erzählen Sie es jedem!

• In der Psychologie beschäftigt man sich grundlegenderweise mit dem Erleben und Verhalten eines Menschen. Natürlich macht man sich deshalb auch schon lange Gedanken, wie das Ändern von

Gewohnheiten leichter und effektiver gestaltet werden kann. Ein wesentlicher und relativ einfacher Punkt ist hierbei: Erzählen Sie möglichst vielen Menschen, was Sie verändern möchten. Damit entsteht eine Art Erfolgsdruck, der von Ihnen selbst ins Leben gerufen wurde. Durch diesen Druck sind Sie eher bestrebt, die Änderung der Gewohnheit auch wirklich durchzustehen. Sie möchten sich ja nicht blamieren oder ein Versagen zugeben müssen.

- Dieser Druck soll Sie nicht erdrücken! Starten Sie mit Etappenzielen. Wählen Sie realistische Ziele, gehen Sie achtsam mit sich um. Dieser Druck soll Ihnen eine positive Verstärkung sein und Sie nicht in einer negativen Art und Weise beeinträchtigen.

→ Machen Sie sich den Weg so einfach wie möglich!

- Je einfacher es ist, die neue, positive Gewohnheit anzunehmen, desto schneller und einfacher wird diese auch gespeichert werden. Sie möchten abends Obst statt Chips essen? Dann müssen Sie auch immer wieder frisches Obst einkaufen, einen Obstteller am Couchtisch bereithalten oder am besten das Ganze abends frisch vorbereiten. Mundgerecht geschnittenes Obst, vielleicht auf Spießen oder als Obstsalat vermischt, wird von Ihnen leichter verzehrt als eine noch so schön anzusehende ganze Ananas. Erleichtern Sie sich selbst Ihr Vorhaben, wo Sie nur können.

So tickt Ihr Kopf, aber Sie ticken nicht mit

Wenn Sie etwas Neues ablehnen, entscheiden Sie da wirklich frei? Haben hier nicht Ihre alten Gewohnheiten, zumindest am Anfang, das Sagen? Ihr innerer Schweinehund liegt mit Ihrem Gehirn auf einer Wellenlänge und diese wollen keine Veränderung, weil es so, wie es derzeit ist, optimal zu funktionieren scheint. Wie gesagt, Ihr körperliches und seelisches Befinden wird vom Gehirn und erst recht vom Monstrum des inneren Schweinehundes schlichtweg ignoriert. Ganz schön egoistisch unser Gehirn. Hier liegt, wie Sie ja schon wissen, ein evolutionäres Denken begraben. Ihr Gehirn empfindet die Zufuhr von „guten Dingen" wie Süßwaren, Alkohol und gezuckerte Getränke als gut, da es Sie am Leben erhält.

Mittlerweile wissen wir, dass wir nicht mehr täglich auf die Jagd gehen müssen, um alle paar Tage satt werden zu können. Nahrungsbeschaffung war nie so einfach, unser Gehirn weiß es nur nicht. Wüsste es das, würde es laut aufschreien und Sie könnten weder die Hände bewegen noch einen Kau- oder Schluckvorgang durchführen. Ihr Gehirn würde sich mit allem, was es kann, gegen diese völlig überflüssige Kalorienzufuhr bei gleichzeitig immer größer werdender Bewegungsarmut wehren. Eigentlich eine schöne Vorstellung, Diäten wären somit völlig überflüssig.

Aber so tickt unser Kopf leider nicht. Sie ticken also erst einmal etwas aus der Reihe, wenn Sie Ihrem Gehirn signalisieren, dass damit jetzt Schluss ist und Sie das Kommando übernehmen. Sie treten damit von einer ehemals passiven Rolle in einen aktiven Gestaltungsraum über. Dieser Kontrollverlust wiederum stößt Ihrem Gehirn sauer auf. Es wehrt sich. Genau dort, wo es sich wehren sollte, hält es an alten Traditionen fest und wenn man es braucht, arbeitet es gegen einen. Eine super Ausgangssituation, die geradezu nach vielen Versuchen, die immer wieder scheitern, schreit.

Sicherlich kennen Sie leider auch dieses Szenario. Sie haben sich etwas fest vorgenommen, Sie wollen eine schlechte Gewohnheit loswerden.

Beispiel:

SIE MÖCHTEN MEHR SPORT TREIBEN

Sie haben beschlossen, mehr mit Ihrem Leben anzufangen, als jeden Abend nach der Arbeit auf der Couch zu lümmeln und fern zu sehen. Eingehende Informationen wurden eingeholt, ein neues Fitnessdress via Smartphone vom Sofa aus bestellt und heute haben Sie sich im nahegelegenen Fitnessstudio angemeldet. Den Vertrag haben Sie gleich für zwei Jahre abgeschlossen. Erstens ist somit die monatliche Gebühr günstiger und zweitens möchten Sie ja einen langfristigen Erfolg haben.

Ab morgen geht es los! Das steht für Sie prinzipiell fest. Schon fast etwas über sich selbst verwundert, tun Sie es dann auch. Sie gehen das erste Mal in Ihrem Leben in eine Muckibude, wie Sie diese Studios selbst immer wieder bezeichnen. Ab jetzt wird dies Ihr täglicher Gang sein – denken Sie sich. Begeistert über das eigene Tun beginnen Sie bereits ab dem dritten Tag, sich selbst für Ihr Durchhaltevermögen zu loben und strotzen voller Zuversicht. Nach Tag 5 können Sie nicht mehr vernünftig laufen, weil Sie gefühlt nur noch aus Muskelkater bestehen und Ihre Motivation ist auf einem Tiefpunkt angekommen. Tag

6, 7 und 8 dienen daher der Erholung. An Tag 9 und 10 müssen Sie Überstunden machen und an Tag 11, 12 und 13 sind Geschäftstermine geplant, die eine abendliche Vorbereitung zu Hause benötigen. Tag 14 dient zur Geburtstagsfeier bei der Schwiegermutter und am 15. Tag brauchen Sie einfach einmal Zeit für sich und lümmeln auf dem Sofa und sehen fern. Dies tun Sie auch an Tag 16 und 17. Bereits jetzt sind Sie schon fast zwei Wochen nicht mehr ins Studio gegangen. Es kommen immer wieder vermeintlich wichtigere Dinge dazwischen. Aber warum? Ihre Motivation war anfangs so groß, dass Sie sich selbst auferlegt haben, täglich Sport zu machen. Bisher waren Sie, wenn es Ihre Zeit erlaubt hat, in dieser Zeit auf dem Sofa gelegen und haben der Entspannung gefrönt. Jetzt meinten Sie, den Marathon auf Hawaii laufen zu müssen.

Meinen Sie, so etwas kann funktionieren? Allein jedenfalls nicht, dafür sorgt schon Ihr innerer Schweinehund. Hochtrabende Ziele führen immer relativ bald zu einem Scheitern. Am Ende dieses Versuchs werden Sie sich vielleicht ärgern, ein teures Fitnessdress gekauft zu haben und bei der monatlichen Abbuchung des Studios werden Sie vielleicht noch negativ an dessen Scheitern erinnert, aber Sie liegen wieder auf dem Sofa und sind in Ihr altes Verhaltensmuster zurückgefallen. Vergessen Sie bitte nicht, den Studiovertrag fristgerecht zu kündigen, sonst ärgern Sie sich über diese zwei Jahre hinaus! Ihr Vorsatz, dort irgendwann einmal wieder hinzugehen, wird nicht funktionieren, leider. Irgendwann werden Sie Ihr Outfit entsorgen oder wegräumen und damit ist der ganze schöne Vorsatz wie weggewischt.

Warum aber dieses Scheitern? Ihr Gehirn und Ihr innerer Schweinehund haben in Ihnen gelauert und auf die erstbeste Gelegenheit gewartet, Sie einknicken zu lassen. Sie wollten das genaue Gegenteil von dem, was die beiden wollten. Ein Ausbrechen aus Ihrer Komfortzone ist für sie ein absolutes No-Go! Es ist doch so schön, wie es ist, und viel bequemer. Beim Sitzen auf dem Sofa und beim Berieseln lassen durch das TV-Gerät wissen Ihr Gehirn und Ihr innerer Schweinehund, was sie und auch Sie davon haben. Eine Möglichkeit wäre jetzt, das Gehirn zuhause zu lassen, was aber leider nicht funktioniert, weil es ja so wichtig und leider auch fest eingebaut in unserem Kopf ist. Also müssen Sie es austricksen. Sie müssen sich damit zufriedengeben, dass es etwas Überredung braucht, Ihren Kopf auch auf Ihre Seite zu ziehen. Mit jedem kleinen Erfolg, jeder kleinen genommenen Hürde, wird sich Ihr Gehirn immer mehr auf Ihre Seite schlagen. Bei Ihrem inneren Schweinehund haben Sie da wenig Chance. Den können Sie nur durch Nichtbeachtung verhungern lassen.

Nutzen Sie erst einmal Ihre Willensstärke und setzen Sie mit dieser mentalen Kraft immer wieder neue und vor allem erreichbare Ziele fest. Sie könnten z. B. Montag und Mittwoch in einen Sportverein zum Aerobic gehen und sich für zuhause eine Gymnastikmatte kaufen, auf der Sie dann problemlos kleinere Sportübungen zu jeder Zeit durchführen können. Starten Sie lieber langsam, aber effektiv. Nur durch immer wiederkehrende gleiche Handlungen können neue, bessere Gewohnheiten aufgebaut werden. Ticken Sie anders wie Ihr Kopf, aber versuchen Sie, Ihr Gehirn auf Ihre Seite zu ziehen, damit Sie wieder im Einklang ticken können. Machen Sie einen ersten Schritt und beginnen Sie nicht mit einem Dreisprung in Olympiaqualität.

STRATEGIEN, DIE IHR LEBEN BEREICHERN

Strategien sind immer gute Möglichkeiten, die vorgenommenen Änderungen der Gewohnheiten langfristig durchzusetzen. Je leichter eine Methode durchzuführen ist, desto einfacher geht Sie Ihnen von der Hand, desto länger bleibt sie im Gedächtnis, desto häufiger wird sie angewandt und somit hat sie einen nachhaltigen Einfluss auf Ihr gesamtes Leben. Dieser Einfluss soll selbstverständlich positiver Natur sein, da Sie Ihr Leben auf einem neuen Level in neuer Art und Weise positiv erfüllen möchten. Sonst könnten Sie Ihre alten Gewohnheiten beibehalten.

Konsistenz-Prinzip

Viele Prinzipien enden irgendwann im Chaos. Die besten Prinzipien nützen Ihnen nichts, wenn Sie schnellstmöglich verworfen werden, weil sie unpraktisch sind, der gewünschte Erfolg ausbleibt oder Sie von vornherein mit der falschen Einstellung an die ganze Sache herangehen. Genau hier kommt das Konsistenz-Prinzip ins Spiel.

Mit diesem Prinzip können Sie sich in einer positiven Art und Weise selbst manipulieren. Manipulation hört sich im ersten Moment erst einmal furchtbar an, weil der Begriff an sich sehr negativ belastet erscheint. Aber Sie sind vielleicht immer wieder in Situationen, in denen beispielsweise Ihr innerer Schweinehund das Kommando übernimmt oder zumindest übernehmen möchte. Diesen gilt es, zu überlisten, daher die Methoden der Manipulation. Verstehen Sie also eine Selbstmanipulation nicht als etwas Schlechtes, sondern vielmehr als einen kleinen Trick, schneller und effektiver zum gewünschten Ziel zu gelangen. Alles, was Sie dabei unterstützen kann, Ihre schlechten Gewohnheiten abzulegen oder gute Gewohnheiten aufzubauen, ist hierbei erlaubt. Probieren Sie es einfach einmal aus.

Nun aber zurück zum Konsistenz-Prinzip. Es ist vielmehr ein psychologisches Phänomen, welches fantastisch funktioniert. Leider hat dieses – wie so vieles – einen sehr negativen Ursprung. Durch das Konsistenz-Prinzip wurden im Korea-Krieg amerikanische Kriegsgefangene dahingehend manipuliert, dass Sie völlig unbeabsichtigt Ihr

Land verraten und wichtige Details preisgegeben haben. Wider jeglichen Willen und entgegen dem, was mühsam antrainiert wurde. Die Methode hierbei war so subtil, dass der eigentliche Sinn bis zum Schluss verborgen blieb und die Gefangenen erst spät den wahren Kern erkannten. Viele Amerikaner waren im Korea-Krieg in chinesischer und nordkoreanischer Gefangenschaft. Die nordkoreanischen Offiziere gingen erbarmungslos mit den amerikanischen Gefangenen um und versuchten, mit purer Gewalt mehr Informationen aus diesen herauszubekommen. Trotz zahlreicher Todesfälle kollaborierten nur wenige mit dem Feind, meist gaben Sie nur die eintrainierten Informationen (Name, Dienstnummer und Rang) preis. Pure Gewaltanwendung zeigte daher nicht den gewünschten Erfolg. Eine hohe Rate der Kollaboration blieb trotz unmenschlicher Umstände aus.

Die chinesischen Offiziere gestalteten das Ganze viel undurchschaubarer. Logischerweise rechneten hier auch die Gefangenen mit einem erbarmungslosen Umgang, war man ja der Feind in einem fremden Land. Doch weit gefehlt. Auf chinesischer Seite war man auf das Konsistenz-Prinzip geschult. Die Rate der Kollaborateure nahm historische Dimensionen an. Warum aber? Die Chinesen übten sich in Geduld und wurden dafür belohnt. Sie gruben den Graben stetig tiefer zwischen den Gefangenen und deren Haltung gegenüber dem eigenen Land.

Anfangs sollten die Amerikaner lediglich Sätze äußern, die aussagten, die Vereinigten Staaten von Amerika wären nicht perfekt. Im Prinzip kein Problem, denn wer ist schon perfekt? Außerdem waren nicht alle, die im Krieg gelitten hatten, noch wirklich vom Sinn des Krieges überzeugt. So ließen sich viele auf solch geartete Aussagen ein.

Nach diesem Schritt wurden die Gefangenen angehalten, größere

Zugeständnisse zu machen. Es sollte beispielsweise erklärt werden, warum die USA eben nicht perfekt sind.

Später wurden die Gefangenen gebeten, diese Erklärungen selbst schriftlich und in Stichpunkten festzuhalten. Danach erfolgte die Unterschrift – auf freiwilliger Basis. Es wurde nach wie vor keinerlei Gewalt angewandt. Selbst der Frage, ob Sie die Liste, die von den Amerikanern erstellt wurde, anderen Gefangenen vorlesen würden, bejahten viele. Auch das Ausformulieren in einen zusammenhängenden Text stellte für viele kein Problem dar. Es waren schließlich die eigenen Gedanken inmitten der Kriegswirren. Ob das wirklich freiwillig geäußerte Gedanken waren, darüber machten sich die wenigsten aufgrund der Situation Gedanken.

Als der Aufsatz per Radio über das ganze Gefangenenlager ertönte, begriffen viele Gefangene erst, was sie wirklich getan hatten. Ohne Zwang und Gewalt hatten viele bis dahin mit den Chinesen regelrecht zusammengearbeitet und scheinbar völlig freiwillig die brisantesten Details preisgegeben. Dadurch aufgeschreckt, fühlten sich viele Gefangene, die noch nichts preisgegeben hatten, ebenfalls als Spione, Verräter, Deserteure oder Ähnliches. Daher war eine noch engere Zusammenarbeit mit den Chinesen möglich, ins eigene Lager konnte man schließlich nicht wieder überlaufen.

Zum Zeitpunkt der Gefangennahme war dieses für jeden Amerikaner undenkbar gewesen. Waren Sie doch alle darauf trainiert, keine wichtigen Informationen weiterzugeben.

Was bringt Ihnen dies für Ihre Gewohnheiten, die Sie ändern möchten?

Jedes Zugeständnis, das Sie machen, wird als Commitment bezeichnet. Jedes weitere Zugeständnis möchten Sie infolge dessen mit dem ersten

Commitment in Einklang bringen. Sie benötigen daher nur ein gutes Commitment, welches Sie durch Konsistenz viel schneller und effizienter erreichen werden. Ein Commitment kann daher jede Art von Gewohnheit sein. Im Optimalfall ist dies eine gute Gewohnheit, die Sie sich vorgenommen haben, fest in Ihr Leben zu implementieren. Am effektivsten ist dieses Zugeständnis, wenn es eine öffentliche und aktive Handlung ist. Am besten sollte diese, wie bereits im Korea-Beispiel erklärt, öffentlich und auf jeden Fall auf freiwilliger Basis erfolgen.

Beispiel:
Wenn Sie mehr Sport treiben möchten, dann können Sie sich mit einem 12-Monats-Vertrag bei einem Fitnessstudio verpflichten. Diese Verpflichtung ist aktiv, öffentlich und hoffentlich völlig freiwillig. Damit ist dies hier ein geeignetes Commitment.

Problem: Das Problem liegt hier auf der Hand. Wir alle haben uns schon einmal voller Tatendrang in etwas gestürzt und es dann doch relativ zügig wieder sein lassen. Verträge in Fitnessstudios sind hier vermutlich ein Paradebeispiel des Nicht-Durchhaltens. Dieses Commitment scheitert, weil es einfach nicht stark genug ist, um wirklich eingehalten zu werden. Daher wurde der Concorde-Effekt auf höchster psychologischer Ebene beschrieben.

Concorde-Effekt

Der Concorde-Effekt hat seinen Namen vom großen Passagierflugzeug Concorde. Die Concorde gilt heute noch als eine Art Paradebeispiel politischen Versagens in wirtschaftlicher Sicht. Bereits wenige Zeit nach Planung des Überschallflugzeuges zeigte sich, dass es sich nie wirtschaftlich rentieren würde. Doch anstatt die Planung und den anschließenden Bau des Flugzeuges zu stoppen, um nicht noch mehr

Geld „kaputt“ zu machen, tat man genau das Gegenteil. Man investierte immer wieder sehr viel Geld, um das Projekt doch noch irgendwie realisieren zu können. Hierbei wurden Millionen von Steuergeldern regelrecht im Ofen verheizt. Schlussendlich führte das Ganze in ein desaströses Fiasko. Beim Start eines Flugzeuges dieses Typs fing dieses Feuer, 113 Menschen starben. Der Bau wurde schließlich eingestellt.

Was bringt Ihnen dies für Ihre Gewohnheiten, die Sie ändern möchten?

Wir alle tendieren dazu, jegliches Maß zu überschreiten. Immer wägen wir ab, was sich rentiert und was nicht. Jedoch verlieren wir manchmal das Ziel vor Augen. Der Concorde-Effekt besagt, dass das Aufhören nicht immer so einfach ist. Wenn wir schon sehr viel Zeit, Geld, Wissen, Schweiß, Liebe, Emotionen usw. in ein Projekt investiert haben, möchten wir dieses um jeden Preis dieser Welt realisieren und umsetzen. Ein Aufgeben des Projektes kommt für uns nicht in Frage. Zu keiner Zeit. Wir haben immer das Gefühl, dass sonst alles, was wir bisher dafür geleistet haben, umsonst gewesen wäre. Daher sehen wir uns nicht in der Lage, abzubrechen.

Natürlich kann dies auch in einer positiven Veränderung genutzt werden, zum Ändern von schlechten Gewohnheiten beispielsweise. Bei jedem Verändern entstehen Schwierigkeiten, die uns dazu verleiten, in alte Verhaltensmuster zurückzufallen.

Beispiel:

Sie möchten mehr Sport treiben, dann können Sie sich mit einem 12-Monats-Vertrag bei einem Fitnessstudio verpflichten.

Problem: Das Problem liegt hier wieder auf der Hand. Unser

Tatendrang steht am Anfang und relativ schnell entsteht das erste Problem. Wir sind krank, haben einen wichtigen Termin, haben keine Lust, weil das Wetter so schlecht ist, der gewünschte schnelle Erfolg bleibt aus und so weiter. Unsere Motivation nimmt stetig ab. Schließlich lassen wir es ganz sein, selbst wenn dies bedeutet, den Vertrag noch die restliche Laufzeit zu bezahlen, ohne dafür eine Leistung in Anspruch zu nehmen.

Lösung: Concorde-Effekt:
Wenn Sie einen hohen Einsatz bei Ihrem Vorhaben hatten, z. B. ein sehr teures Abo für Ihren sportlichen Ehrgeiz oder sehr viel Schweiß und Mühe, werden Sie deutlich länger durchhalten und teilweise bis zur völligen Erschöpfung weitermachen. Bedenken Sie einfach Ihre persönliche Toleranzgrenze. Ein Abo im Fitnessstudio wird nur dann unbedacht weiterbezahlt, wenn es sehr günstig ist. Liegt der monatliche Tarif jedoch über dem, was man eigentlich als seine persönliche Schmerzgrenze bezeichnen würde, will man für dieses Geld auch die bezahlte Leistung nachdrücklicher einfordern und scheut daher seltener den Weg zum Sport. In diesem Fall muss man regelrecht weitermachen, sonst würde man das vorher hart verdiente Geld regelrecht zum Fenster hinausschmeißen.

Eine der besten Strategien ist daher, das Konsistenz-Prinzip und den Concorde-Effekt in Kombination zu vereinen.

Konsistenz-Prinzip + Concorde-Effekt
Hier entsteht das perfekte Commitment (Konsistenz-Prinzip), da es mit einem sehr hohen Einsatz verbunden ist (Concorde-Effekt).

Beispiel:
Sie möchten immer noch mehr Sport treiben. Dieses Mal schließen Sie

jedoch nicht in irgendeinem Fitnessstudio ein Abo ab, sondern Sie tun dies im teuersten Studio, das Sie finden können.

Hauptsache, der monatliche Beitrag liegt außerhalb Ihrer Schmerzgrenze. Ebenso könnten Sie online ein Fitnessabo abschließen oder in einen gut situierten, hochpreisigen Sportverein eintreten. Am allerbesten leisten Sie sich einen Personal Coach. Dieser trimmt Sie dann bis zur Schmerzgrenze und verlangt von Ihnen schier Unmenschliches. Immer, wenn Sie dann an den Punkt „Aufgeben" denken, werden Sie automatisch an die zu leistenden Unkosten erinnert. Geld mag nicht immer ein Motivationsfaktor sein, aber meist ist Geld dies eben doch. Sie haben Ihr Commitment freiwillig gewählt und den finanziellen Einsatz ganz bewusst so gelegt, um sich selbst zu zwingen und zu motivieren, das Beste aus sich selbst herauszuholen. Das Konsistenz-Prinzip mit dem Concorde-Effekt gekoppelt zwingt Sie selbst zu Höchstleistungen. Sie werden von sich und den Effekten, denen Sie sich selbstbestimmt und ganz gezielt unterworfen haben, mehr als begeistert sein.

Diese Kombination hilft Ihnen in allen Bereichen weiter, in denen Sie sich schon immer verbessern wollten (Eingehen von sozialen Beziehungen, Erlernen neuer Sprachen, Reduktion von Gewicht). Sie hilft Ihnen beim Modifizieren von schlechten Gewohnheiten in gute.

Die 5-Sekunden-Regel

Vielleicht haben Sie von dieser Regel schon einmal gehört. Ihre Effizienz bei gleichzeitiger Einfachheit ist absolut unschlagbar. Mel Robbins initiierte diese Strategie der Selbstmanipulation, als sie sich selbst in einer sehr schwierigen Lage befand.

Ihr Mann war gerade beruflich sehr schwer gebeutelt, finanziell stand die Familie kurz vor dem Ruin. Mel wusste, dass es nun an ihr war, das Ruder herumzureißen. Sie musste sich eine Arbeit suchen, um auch Geld verdienen zu können und somit das wirtschaftliche Fiasko doch noch abwenden zu können. Jeden Abend nahm Sie sich vor, am nächsten Morgen würde Sie mit diesem Umschwung beginnen. Leider war an jedem neuen Morgen diese abendliche Euphorie restlos verschwunden. So passierte Tag um Tag, Woche um Woche, Monat um Monat nichts. Als es für die Familie jedoch immer brenzliger wurde, suchte Mel nach einer Methode, um sich selbst endlich zum Tun motivieren zu können. Dabei erfand Sie nahezu nebenbei die 5-Sekunden-Regel. Die 5-Sekunden-Regel besagt, dass man 5 – 4 – 3 – 2 – 1 – 0 herunterzählt und dann ohne Umschweife sofort eine Handlung erfolgt. Gelingt es einem nicht, innerhalb dieses Countdowns mit dem Tun zu starten, wird man dies laut Mel Robbins mit sehr hoher Wahrscheinlichkeit auch danach nicht machen.

Beispiel:
Sie sind es schon seit Langem gewohnt, nach dem Essen das Geschirr stehen zu lassen und alles auf einmal erst am Abend abzuspülen. Damit soll jetzt Schluss sein. Ihr Entschluss steht fest: Ab jetzt möchten Sie immer direkt nach Beendigung der Mahlzeit das Geschirr reinigen und somit eine saubere Küche haben. Außerdem haben Sie somit nicht jeden Abend einen ganzen Berg an eingetrockneten und vielleicht eingebrannten Utensilien auf einmal zu reinigen. Ihr bisheriger Ablauf, den Sie bis dato gewöhnt sind: Essen, Geschirr stehen lassen (vielleicht haben Sie es sogar noch an die Spüle oder zumindest in die Küche gestellt), Raum verlassen und etwas anderes tun. Ihr neuer Ablauf, den Sie sich angewöhnen möchten: Essen, Geschirr reinigen und erst nach dessen Beendigung einer anderen Tätigkeit nachgehen. Sie sind eine Art Marionette Ihrer Gewohnheiten. Diese laufen immer automatisch

und unbewusst ab, daher sind es diese Marionettenfäden auch gewohnt, nicht nur die Vergangenheit und die Gegenwart mitzubestimmen, sondern auch die Fühler in die Zukunft auszustrecken. Diese imaginären Fäden müssen Sie nun kappen!

Nun zur 5-Sekunden-Regel:

Sie sind fertig mit der Mahlzeit und machen sich nun ganz bewusst klar, was Sie jetzt eigentlich tun würden. Alles stehen und liegen zu lassen und das Geschirr und die anderen Gebrauchsgegenstände später zu reinigen, stünde jetzt auf Ihrer Liste der alten Gewohnheiten.

Nun tun Sie jedoch etwas völlig anderes. Sie zählen (laut oder stumm vor sich hin): 5 – 4 – 3 – 2 – 1 – 0, stehen auf und beginnen mit dem Reinigen und Aufräumen des Essgeschirrs. Durch dieses Ändern der Gewohnheiten haben Sie die Marionettenfäden durchtrennt. Sie haben diese in die Vergangenheit buchstäblich zurückgeflochten.

Klingt alles ziemlich einfach und das ist es auch. Im Prinzip ist diese Methode deshalb so effektiv, weil Automatismen eben nicht mehr automatisch ablaufen, sondern daran gehindert werden, indem sie bewusst wahrgenommen werden. Außerdem wird durch den 5-0 Countdown ein fester Zeitrahmen gesteckt, wann es definitiv mit der Handlung, die zur neuen Gewohnheit werden soll, losgeht. Ein Aufschieben ist daher schier unmöglich – wenn man es ernst meint selbstverständlich. Der eigene Wille, etwas zu verändern, ist auch hier wieder von elementarer Bedeutung, also 5 – 4 – 3 – 2 – 1 – 0 und der erste Schritt folgt sofort.

Beispiel:

Denkgewohnheiten können ähnliche Marionettenfäden spinnen, daher können Sie die 5-Sekunden-Regel auch für das Darstellen von

Gefühlen und Bedürfnissen bestens nutzen.

Ihr bisheriger Ablauf, den Sie bis dato gewöhnt sind: Ihre Partnerin vergreift sich im Ton, bei Ihnen läuft eine ganze Kette an Gefühlen unterbewusst ab (z. B. Sie liebt mich nicht, Sie könnte ruhig netter sein, Sie hat kein Verständnis für mich, vielleicht mag Sie jemand anderen lieber). Durch diesen Ablauf stauen sich Ihre negativen Gefühle in Ihnen auf. Daher reagieren Sie vermutlich auf Ihre Partnerin anders, als diese das erwartet hat. Vielleicht schreien Sie sie an, Sie machen ihr eine Szene wegen einer Lappalie, Sie reagieren völlig überzogen und kreieren so einen handfesten Streit. Haben Sie sich schon einmal überlegt, dass Ihre Partnerin sich dessen vielleicht gar nicht bewusst war, dass Sie sich im Ton vergriffen hat?

Ihr neuer Ablauf, den Sie sich angewöhnen möchten: Bevor Sie lautstark reagieren und vielleicht völlig über das Ziel hinausschießen, zählen Sie erst einmal 5 – 4 – 3 – 2 – 1 – 0. Wiederholen Sie dann ganz gezielt, was Ihre Partnerin zu Ihnen gesagt hat, und benennen Sie klar, wie Sie sich dabei fühlen und was in Ihnen vorgeht. Wut und Aggression sind keine Gefühle, die aus dem Nichts entstehen, sondern solche, die auf bereits gemachten Erfahrungen basieren. Meist laufen in uns ganze Ketten ab an ähnlichen Situationen – sekundenschnell und unbewusst. Daher reagieren wir oder auch andere nicht so, wie es erwartet wird.

Treffen Sie Ihre Reaktion auf das Gesagte Ihrer Partnerin bewusst und nicht wie gewohnt unbewusst und impulsiv. Logischerweise hört sich das Ganze ungewohnt an, weil es das ja auch erst einmal ist. Mit dieser einfachen Methode kann es Ihnen jedoch immer wieder aufs Neue gelingen, Konflikte erst gar nicht entstehen zu lassen. Viele zwischenmenschliche Dispute basieren auf Missverständnissen. Beugen Sie diesen vor, wird Ihr Leben ganz einfach leichter, glücklicher und zufriedener – genau so, wie wir uns dies doch alle wünschen würden.

Die 5-Sekunden-Regel ist ein einfaches und sehr wirksames Mittel, um unangenehme Aufgaben (dazu gehören auch schwierige Gespräche und Entschuldigungen) zielführend hinter sich zu bringen. Dadurch verhindern Sie, dass Sie diese immer wieder aufs Neue aufschieben. Sie werden es erleben, wie wirksam diese Methode sein kann und welche Freude in Ihnen aufsteigt, wenn ungeliebte Tätigkeiten (z. B. Fenster putzen, Dachboden aufräumen, Schrank neu sortieren) abgehakt werden können und nicht schon im Vorhinein den morgigen Tag wie ein Damoklesschwert belasten.

Die 5-Sekunden-Regel ist absolut vielseitig einsetzbar, für alles, was Sie bewusst besser machen möchten (z. B. besser und vor allem gerade sitzen, mehr lächeln, mehr Bewegung, bessere Ernährung, leichtere Haushaltsführung etc.). Damit gelingt es Ihnen nahezu spielend leicht, schlechte Gewohnheiten in bessere Gewohnheiten umzuwandeln oder durch diese zu ersetzen.

5 – 4 – 3 – 2 – 1 – 0 und jetzt folgt der erste Schritt.

Ihr neuer Plan vom Leben

Ihr neuer Plan vom Leben sieht vor, die guten Gewohnheiten langfristig zu stärken oder neu zu erlernen. Im Gegenzug möchten Sie dafür jedoch möglichst ganzheitlich auf schlechte, unangenehme, sozial stigmatisierte oder krank machende beziehungsweise negativ behaftete Routinen verzichten. Sie möchten sich und Ihren Lebensalltag besser, effizienter und leichter gestalten. Dies kann immer im privaten, beruflichen und im sozialen Leben stattfinden. Auf alle Fälle möchten Sie durch neue Gewohnheiten bereichert werden und nach Möglichkeit relativ zügig einen positiven Effekt verspüren.

MOTIVATION STEIGERN, NICHT DÄMPFEN

Wissen Sie noch, wie Sie als Kind waren? Sie waren voller Tatendrang, mit einer unbändigen Lust, die Welt um sich herum zu erkunden. Ihre Neugier nach Neuem schien unstillbar. Heute hängen Sie in Ihren alten Gewohnheiten herum und gehen lieber den gewohnten, wenig interessanten, aber bewährten Abläufen nach, bevor Sie nach rechts oder links blicken, ob es dort nicht etwas Neues geben könnte. Ihre Motivation ist der Dreh- und Angelpunkt für Sie. Diese Motivation brauchen Sie zurück!

Von der Motivation zur Volition

Volition ist genau das, wohin Sie die Motivation führen soll: zur Durchsetzung. Ein noch so toller Plan und ein noch so motiviertes Vorgehen nützen Ihnen nichts, wenn Sie nicht aktiv die Fäden wirklich in die Hand nehmen und den ersten Schritt zur Änderung Ihrer Gewohnheiten tun. Motivation ist gut, die Durchführung ist aber besser. Am

Anfang steht immer eine Willensbildung, also eine Motivation. Diese entsteht aus all den Motiven, Wünschen, Absichten und guten Ideen, die schlechten Gewohnheiten abzulegen, zu ändern oder durch bessere zu ersetzen. Somit formen Sie ein Ziel, welches Sie erreichen möchten. Am besten planen Sie dessen Durchführung noch explizit, um dann aktiv in die Umsetzung zu starten. Somit können Sie am Ende ein Ergebnis vorweisen. Im Optimalfall ist es genau das Ergebnis, welches Sie erreichen wollten. Dann war das Ganze ein Erfolg. Leider wissen wir alle, dass es nicht immer so leicht funktioniert und dass Motivation oder auch Volition nicht immer wirklich vorhanden sind.

Beispiel:

Dachboden aufräumen!
Sie haben sich vorgenommen, bereits in der Früh, wenn die Kinder im Kindergarten und in der Schule sind, den Dachboden auf Vordermann zu bringen. Ihre Motivation liegt hier bei null, aber irgendwer muss es ja irgendwann einmal tun. Was machen Sie also? Sie legen sofort los, sobald das letzte Kind das Haus verlassen hat! Im Optimalfall schon, aber Moment einmal – wollten Sie nicht erst noch frühstücken? Ein Kaffee muss schon noch sein und das leckere Hörnchen auch, Sie müssen sich ja erst einmal richtig stärken. Vergessen Sie auch die Zeitung nicht, denn Bildung ist wichtig und schließlich müssen Sie auch wissen, was bei Ihnen vor der Haustür und in der weiten Welt so passiert ist.

Dann noch schnell E-Mails checken, in den sozialen Netzwerken vorbeischauen und gleich geht die Arbeit los, etwas surfen dauert ja nicht zu lange. Dann klingelt das Telefon und Sie lassen sich 15 Minuten über eine Photovoltaik-Anlage beraten, um dann festzustellen, dass

Sie gar kein Eigentum besitzen, sondern in einer gemieteten Wohnung mit Ihrer Familie beheimatet sind. Noch schnell einen Toilettengang erledigt und dann an die Tür gehen, es hat nämlich geklingelt.

Ihre Nachbarin Silke erwartet ein Paket, das hat Sie Ihnen gestern bereits erklärt. Jetzt ist es nun endlich da, aber Silke ist arbeiten. Sie nehmen dieses Paket dankend vom Boten entgegen, schließen die Tür und machen sich auf die Suche nach Ihrem Smartphone. Dieses liegt noch im Bad, da waren Sie zuletzt, weil Sie auf die Toilette mussten. Via Sprachnachricht teilen Sie Ihrer Nachbarin mit, dass der Paketbote das Bestellte bei Ihnen abgegeben hat, woraufhin Silke prompt zurückruft. Silke macht gerade Pause während Ihrer Frühschicht und teilt Ihnen den neuesten Klatsch und Tratsch aus der Firma mit. Sie folgen mit vollem Elan dem Gesagten und geben Ihren Teil zum Besten. Das Gespräch wird beendet, als Silke bemerkt, Ihre Pause wäre um und Sie müsse weiterarbeiten. Sie legen auf und überlegen, was Sie eigentlich vorhatten.

Genau, den Dachboden wollten Sie aufräumen. Sie suchen mühsam alle Utensilien zusammen, schließlich brauchen Sie Kartons, um dort oben das auszusortieren, was Sie definitiv entsorgen wollen. Beim Hervorkramen der Kartons stoßen Sie auf ein Familienalbum aus Ihrer Kindheit. Schwelgend in Erinnerungen blättern Sie Seite für Seite durch. Sie telefonieren anschließend mit Ihren Eltern und berichten ihnen von dem schönen Fund. Weil Sie sich aufgrund der Kilometer zwischen Ihnen nicht allzu häufig sehen, reden Sie heute länger als gewöhnlich. Wieder klingelt es an der Tür, daher beenden Sie das Telefonat. Eines Ihrer Kinder steht vor der Tür und offenbart Ihnen: Die Zeit allein ist vorbei. Vieles haben Sie getan, doch Ihr Ziel, nämlich den Dachboden durchstöbern, haben Sie noch nicht einmal wirklich in Angriff genommen.

Was ist hier passiert? Sie haben Ihr Ziel nicht erreicht, weil Sie es vielleicht gar nicht wirklich erreichen wollten. Sicherlich hätten Sie gerne einen aufgeräumten Dachboden und Ihnen ist auch klar, dass dies niemand außer Ihnen tun wird, trotzdem können Sie dieser Tätigkeit nichts Positives abgewinnen. Somit waren Sie den ganzen Vormittag beschäftigt mit Dingen, die auch Ihre Daseinsberechtigung haben und durchaus wichtig für Sie und Ihre Mitmenschen sind. Diese Tätigkeiten haben Sie bei Ihrem eigentlichen Vorhaben jedoch immens ausgebremst. Andere Dinge sind in den Fokus gerückt. Dinge, die Ihnen mehr Freude bereiten und deren Motivation nicht erst mühsam gesucht werden muss, die Motivation ist bereits lange da.

Was sollten Sie also tun?

- Meiden Sie Tätigkeiten, die Sie ablenken.

Verschieben Sie diese auf später oder machen Sie eine Belohnung für sich daraus. Zur Belohnung für Ihr Engagement beim Aufräumen könnten Sie sich beispielsweise abends mit Ihrer Nachbarin auf ein Glas Wein treffen. Dort könnten Sie dann ohne Zeitdruck und schlechtes Gewissen plauschen.

- Meiden Sie den Motivationskiller „Warum“.
  - Stellen Sie sich nicht die Frage nach dem Warum.
    - Warum muss ICH den Dachboden aufräumen? Warum ist es überhaupt notwendig? Warum habe ich da so viel Zeug, dass ich noch nie wirklich gebraucht habe, hinauf gestellt?
    - Je öfter Sie sich diese Fragen stellen und wenn Sie diese nicht wirklich oder nur mit einem „weil halt“ beantworten können, desto weniger Sinn wird Ihr Gehirn darin sehen und Ihre Motivation sinkt in den Minusbereich. Alles, was sinnlos erscheint, lässt keine Motivation wachsen.

- Stellen Sie den Wunsch nach Perfektionismus ab.
  - Prinzipiell ist im Perfektionismus nichts Schlechtes zu finden, außer vielleicht, dass alles wirklich perfekt sein muss. Geben Sie sich besser mit einem „Gut“ zufrieden. Ein Gut ist nicht schlecht, nimmt aber dem Wunsch nach Perfektionismus den Wind aus den Segeln. Perfektionismus ist nur dort wirklich notwendig, wo ein „Gut“ nicht ausreicht und enormer Schaden verursacht werden kann (z. B. sollte ein Pilot sein Handwerk perfekt beherrschen, weil sonst viele Menschenleben in Gefahr sind).
  - Sie müssen den Dachboden nicht perfekt in Schuss bringen, ein übersichtliches Aufräumen reicht völlig aus. Jede Kiste, die entsorgt wird, sorgt für Entspannung. Ein gut aufgeräumter Dachboden ist mehr wert als der Traum von einem perfekten, der nie umgesetzt wird, weil man an der Vision schon scheitert.
    - Halb aufgeräumt ist daher auch viel besser, als gar nicht erst anzufangen. Stellen Sie das „Machen“ in den Mittelpunkt und nicht den perfekten Plan davon.
- Ändern Sie Ihre Einstellung.
  - Sie sehen sich gezwungen, endlich einmal den Dachboden entrümpeln zu müssen. Dieser Zwang, wo auch immer er herkommen mag, ist ein regelrechter Motivationskiller.
  - Ersetzen Sie den demotivierenden Gedanken „Ich muss den Dachboden aufräumen“ durch einen motivierenden – „Ich habe mich dazu entschieden, heute ist der Tag, an dem ich den Dachboden aufräumen werde!“. Klingt doch gleich viel besser, finden Sie nicht?
    - Machen Sie sich klar, dass Sie sich für die Tätigkeit des Aufräumens freiwillig entschieden haben und Sie schlichtweg gerne einen aufgeräumten Dachboden hätten. In einem ordentlichen Raum steckt sehr viel Potenzial. Vielleicht möchten Sie noch etwas anderes einlagern

und finden dafür derzeit keinen Raum oder Sie möchten unnötigen Ballast einfach loswerden.

- Motivation kommt, wenn Sie handeln.
  - Genau am heutigen Tag, wo Sie eigentlich doch den Dachboden ausmisten wollten, fehlt Ihnen jegliche Lust dazu. Sie suchen ständige Ausflüchte, fühlen sich nicht wohl, suchen immer wieder Material, dass Sie für Ihr Vorhaben angeblich ganz dringend brauchen und sind über jede Art der Ablenkung mehr als dankbar.
  - Es hilft Ihnen jedoch nichts, wenn Sie sich hinsetzen und auf einen Motivationsschub warten. Ihre Motivation kommt nicht einfach so, Sie kommt aber während Ihrer Arbeit.
  - Mit jedem noch so kleinen Eck, dass Sie freigeräumt oder entmüllt haben, werden Glücksgefühle in Ihnen freigesetzt, die Sie wiederum zum Weitermachen motivieren. So kann es durchaus möglich sein, dass Sie schon fast traurig sind, wenn Sie mit Ihrer Aktion aufhören müssen, weil Ihre Kinder nach Hause kommen.
    - Handeln Sie erst, dann kommt die Motivation praktisch von selbst.
- Überwinden Sie Ihr Pendel der Unsicherheit.
  - Jede Ihrer Entscheidungen bedeutet einen enormen Einsatz an Willenskraft. Gehören Sie vielleicht auch zu den Menschen, die es äußerst schwierig finden, eine Entscheidung zu treffen? Falls ja, dann kennen Sie sicherlich dieses innere Pendel, welches immer wieder zwischen einem „Ja" und einem „Nein" zum Vorhaben hin und her schwingt. Durch ständiges Abwägen beider Optionen werden Sie an einer echten Entscheidungsfindung gehindert.
  - Während dieses Pendel schwingt, nimmt Ihre Willenskraft (den Dachboden aufzuräumen) zusehends ab. Am Ende werden Sie sich dann für ein „Nein" entscheiden, weil ein „Ja" keine Möglichkeit mehr darstellt.

- Treffen Sie daher schnell Ihre Entscheidung, lassen Sie dieses innere Pendel gar nicht erst ins Schwingen kommen. Starten Sie sofort mit Ihrer Tätigkeit, den Dachboden aufzuräumen, ohne weiter über das ob oder ob nicht nachzudenken.

- Machen Sie sich Gedanken über das „Danach".
  - Der Schritt, den Sie jetzt gerade tun, ist der Schritt, der in diesem Moment der allerwichtigste ist.
  - Sie möchten heute Ihren Dachboden entrümpeln. Sind Sie hierbei unmotiviert, kommen Ihnen schon vor Beginn dieser Tätigkeit zahlreiche Ablenkungsversionen in Ihr Gehirn. All dies, was Sie jetzt lieber tun würden. Versuchen Sie aber, sich auf das Hier und Jetzt zu besinnen und sich nicht weiter von Ihren Gedanken ablenken oder umstimmen zu lassen.

- Sobald Sie mit dem Aufräumen des Dachbodens fertig sind, können Sie beginnen, Ihren Ablenkungen nachzugehen. Dann werden Sie auch relativ schnell merken, dass Sie nur wenige davon wirklich gerne verwirklichen, die meisten wollten Sie nur von Ihrem Vorhaben abbringen.

- Motivation und Disziplin.
  - Motivation ist gut, um vor allem kurzfristige Tätigkeiten erledigen zu können. Für einen langfristigen positiven Effekt ist eine disziplinierte Vorgehensweise wichtig.
  - Verlassen Sie sich daher nicht nur auf Ihre Motivation allein, da Sie diese nicht über einen längeren Zeitraum aufrechterhalten können.
  - Eine hohe Selbstdisziplin eröffnet Ihnen so manches Türchen, das vorher schier zugemauert erschien.

- Durch diszipliniertes Arbeiten schaffen Sie Ihren Dachboden beinahe wie von Geisterhand. Sie werden danach so motiviert sein, um vielleicht gleich noch mit der Küche weiterzumachen. Je disziplinierter Sie sind, desto einfacher wird es.

Suchterkrankungen

Suchterkrankungen sind im Prinzip Gewohnheiten, die ausgeufert sind. Süchtig kann der Mensch nach vielem sein. Sicherlich sind Alkoholsucht und Nikotinsucht zwei der häufigsten und die bekanntesten überhaupt. In neuesten Studien zeigt sich jedoch, dass sich dieses Bild langsam wendet. Gerade in der jüngeren Generation zeigt sich eine extreme Sucht den Medien gegenüber. Bereits im vorpubertären Alter sind Kinder süchtig nach Smartphone, Tablet und Co. Diese ziehen heute teilweise viel zu früh in die Kinderzimmer ein und nehmen sehr viel Raum und vor allem Zeit ein. Nicht nur der ständige Konsum dieser elektronischen Geräte allein ist hierbei das Problem.

Es geht vor allem darum, was das Kind und der spätere Erwachsene in dieser Zeit nicht tut. In dieser Medienzeit werden keine Freunde getroffen, es wird keine aktive sportliche Betätigung ausgeübt, nichts für die Schule gelernt, keine große zwischenmenschliche Aktion in der Familie gepflegt, die Motorik nicht oder zumindest kaum trainiert und die Augen werden extrem belastet. Außerdem sind viele Spiele, die sich großer Beliebtheit erfreuen, von einem hohen Gewaltpotenzial begleitet. Nicht immer fällt es Kindern dann leicht, Fiktion und Realität zu unterscheiden. Logischerweise wird nicht jedes Kind später einmal straffällig, aber die Zeit, die mit Ballerspielen verbracht wird, prägt den jungen Menschen nachhaltig.

Jede Gewohnheit birgt eine Art Sucht in sich. Daher ist es nicht immer einfach, sich sofort davon zu trennen und anfangs lieb gewonnene Gewohnheiten abzulegen. Wie bei einer Alkoholerkrankung beispielsweise ist es jedoch immer besser, Gewohnheiten abzustreifen, solange man es noch aus eigener Kraft kann. Ist man erst nachhaltig geschädigt (z. B. wenn man einen Lebertumor aufgrund des anhaltenden Alkoholkonsums hat), hilft häufig ein Umdenken nicht mehr, um sein Leben wieder selbstbestimmt in die Hand nehmen zu können. Irgendwann ist es leider für alles zu spät. Aber so weit wollen Sie es nicht kommen lassen. Sie möchten sich nicht den psychischen und physischen Entzugserscheinungen ergeben, sondern diesen mit Stärke und eisernem Willen begegnen. Daher haben Sie den ersten Schritt in die richtige Richtung auf jeden Fall getan.

Ihre sieben Schritte zum neuen und freien Leben

Ihr neues Leben beginnt heute! Mit diesen 7 Schritten ist Ihrem neuen, freien Leben voller guter Gewohnheiten der Weg geebnet.

1. Machen Sie sich klar, welche Gewohnheit Sie in Ihrem Leben abschaffen möchten.
2. Wählen Sie hierfür als Ersatz eine bessere, gesündere oder glücklicher machende Gewohnheit.
3. Finden Sie den Kreislauf Ihrer alten Gewohnheit heraus.
4. Verbinden Sie die alte Gewohnheit mit der neuen Gewohnheit.
5. Belohnen Sie sich selbst.
6. Feiern Sie sich bei jedem Erfolg.
7. Werden Sie sich bewusst, wie viel reicher Ihr Leben durch die Änderung der Gewohnheit ist.

BEISPIELE

Aufhören mit dem Rauchen

• Sie haben beschlossen, dass jetzt, hier und heute, der erste Tag ohne die lästig gewordene Zigarette ist. Noch verbinden Sie mit dieser Gewohnheit nicht nur Negatives, sondern sehr viel Positives. Vielleicht rauchen sehr viele Ihrer Freunde und Bekannten, eventuell raucht sogar Ihr Lebenspartner. Das Rauchen einer Zigarette hat sehr viel Raum und Zeit in Ihrem Leben eingenommen. Bei allem war sie bis jetzt dabei, doch damit soll endlich Schluss sein! Herzlichen Glückwunsch, der feste Wille ist der erste zentrale Bestandteil, ein solches Laster loszuwerden. Ob Sie freiwillig das Rauchen aufgeben oder sich gezwungen sehen (z. B. weil Ihr neuer Partner Nichtraucher ist oder Sie drohen, ernsthaft zu erkranken), ist prinzipiell irrelevant. Wichtig ist nur, dass Sie wirklich das Rauchen sein lassen wollen.

• Jetzt brauchen Sie einen Ersatz, der Ihnen die Entwöhnung vom Rauchen erleichtert. Ohne diesen Ersatz ist es kaum möglich, die alte Gewohnheit beiseitezulegen und auch langfristig liegen zu lassen. Dieser Ersatz kann vielfältiger Natur sein:

◦ Sie möchten beispielsweise schon lange mehr Sport machen, dann haben Sie jetzt den optimalen Grund.

Was Sie als Ersatzgewohnheit wählen, bleibt Ihnen überlassen, jedoch sollten Sie bedenken, dass die neue Gewohnheit eine bessere als die alte sein sollte. Es bringt Ihnen nichts, wenn Sie das Rauchen gegen den Konsum von Alkohol ersetzen. Dann hätten Sie das Ganze gleichbleiben lassen können. Eine neue Gewohnheit soll Ihr Leben positiv verändern und nicht weiter in den Strudel der schlechten Gewohnheiten hinabziehen. Im schlimmsten Fall würden Sie dann rauchen und trinken. Beides für sich gestellt schon keine gute Gewohnheit und beides zusammen der absolute Supergau der schlechten Gewohnheiten.

• Wie ist Ihre Gewohnheit, zu rauchen, entstanden? Haben Sie sich schon jemals darüber Gedanken gemacht? Wahrscheinlich nicht, hierfür ist aber genau jetzt der richtige Zeitpunkt. Wenn Sie eine schlechte Gewohnheit wie das Rauchen als eine Art Krankheit sehen würden, müssten Sie bedenken, dass es nur zu einer Heilung kommen kann, wenn die Ursache des ganzen Übels festgestellt und behandelt wurde. Genau das Gleiche trifft im Prinzip auch auf Ihr Rauchverhalten zu. 90 % aller Raucher fangen in der Pubertät das Rauchen an, so aktuelle Studien verschiedenster Krankenkassen. Logischerweise können Sie das Faktum, wann und wieso Sie die Zigarette in Ihr Leben gelassen haben, nicht mehr rückgängig machen, aber Sie können diesen Teufelskreis heute unterbrechen. Machen Sie sich bewusst wahr, was Sie zum Greifen nach einer Zigarette motiviert. Finden Sie den Auslöser (Trigger). Dieser kann z. B. eine bestimmte Tageszeit sein (z. B. gleich nach dem Aufstehen), eine bestimmte Tätigkeit (z. B. in der Pause auf der Arbeit oder auf dem Weg zur Arbeit) oder eine bestimmte Situation (z. B. nach einem Gespräch mit dem Chef). Dieser Auslöser hat dann immer wieder die gleiche Handlung zur Folge, nämlich das Rauchen von mindestens einer Zigarette. Wie schaut es dann mit einer Belohnung aus? Was ist beim Rauchen passiert? Mag sein, dass Sie besonders gut geschmeckt hat oder auch nicht. Vielleicht haben Sie sich auch dadurch beruhigt und geerdet gefühlt oder eben auch nicht. Vermutlich mussten Sie husten oder Sie wurden von Ihrem Gegenüber gebeten, doch bitte den „Glimmstängel" auszumachen, weil er sich dadurch gestört fühlte.

◦ Versuchen Sie, das Schlechte an Ihrer Gewohnheit herauszufiltern und stellen Sie dies in Ihren Fokus.

• Verbinden Sie Ihre alte, schlechte Gewohnheit mit Ihrer neuen, guten Gewohnheit. Versuchen Sie selbst, alle positiven Aspekte von mehr Sport herauszukristallisieren. Halten Sie dann die negativen Punkte des Rauchens dagegen.

◦ Dies könnte wie folgt aussehen:

▪ Rauchen: stinkt, kostet viel Geld, macht krank (z. B. Lungenkrebs, Raucherbein), verursacht furchtbaren morgendlichen Husten, immer muss man ins Freie gehen, um Rauchen zu können (im Winter sehr kalt), der Lebenspartner lehnt es ab, in der Wohnung duldet der Mieter das Rauchen nicht und so weiter.

▪ Sport: stinkt nicht, kostet nur Geld, wenn ich bereit bin, welches zu investieren (z. B. für ein Outfit, den Sportverein, das Sportstudio, für

Equipment), kann auch mit Freunden gemacht werden (z. B. Joggen in der Gruppe, Eislaufen in der Gruppe), ist von Wetter unabhängig (kann innen und außen stattfinden), verhindert eine Gewichtszunahme, ermöglicht das „Sündigen beim Essen“ und so weiter.
Alles, was die alte Gewohnheit noch schlechter aussehen lässt und die neue Gewohnheit als positiv hervorhebt, ist gut.

- Belohnen Sie sich selbst bei jedem Erfolg. Jeder Tag, den Sie ohne eine Zigarette verbringen können, ist ein guter Tag. Freuen Sie sich für sich, belohnen Sie sich selbst.
Hierbei könnten Sie sich kleine Ziele setzen, z. B.:
  - Nach einer Woche gehen Sie mit Ihren Freunden bei Ihrem Lieblingsitaliener essen.
  - Nach vier Wochen besuchen Sie mit Ihrem Partner Ihr Lieblingsmusical.
  - Nach 3 Monaten fahren Sie mit Ihrem Partner über das Wochenende weg.
  - Nach 6 Monaten schaffen Sie sich einen jungen Hund an, mit dem können Sie ja mittlerweile konditionell spielend mithalten.

Sie können aber auch durch Ihre neue Gewohnheit, nämlich regelmäßiges Treiben von Sport, nahezu täglich belohnt werden, z. B.:
  - Vorfreude auf das, was nach dem Sport getan wird (z. B. heiße Dusche und danach aufs Sofa).
  - Ein Wohlgefühl, dass Sie durch den Sport durchzieht.
  - Das wunderbare Gefühl, wieder frei und nicht verqualmt durchatmen zu können.
  - Die Endorphine, die durch die sportliche Aktivität ausgeschüttet werden.
- Feiern Sie sich und Ihren Erfolg. Tun Sie dies anfangs jedes Mal, wenn Sie, anstatt in Ihre alte Gewohnheit (Rauchen) zu verfallen, die

neue Gewohnheit (Sport) ausgeübt haben.
Es geht hierbei nicht darum, jedes Mal ein rauschendes Fest zu feiern oder öffentlich zu jubilieren. Gehen Sie viel subtiler vor. Trinken Sie einen Kaffee in der Eisdiele nebenan, lackieren Sie sich die Fingernägel in Ihrer Lieblingsfarbe, legen Sie die alte staubige Heavy-Metal-CD ein und loben Sie sich, was das Zeug hält! Sagen Sie sich immer wieder: „Das hast du super gemacht, ich bin stolz auf dich!"
Sie können sich das Ganze auch ganz einfach bildlich gestalten. Vielleicht mit einem großen Kalender, den Sie farblich gestalten und jeden Tag, den Sie ohne das Rauchen verbracht haben, bunt anmalen. Dieses kleine Instrument wird seine Wirkung entfalten, Sie werden erstaunt sein. Machen Sie dies, solange es Ihnen gefällt. Irgendwann werden Sie wie von Zauberhand bemerken, dass Sie schon ganz selbstverständlich ohne eine Zigarette auskommen und wie gerne Sie Sport treiben.

- Verdeutlichen Sie sich immer wieder, wie viel lebenswerter, schöner und glücklicher Ihr Leben ohne das Rauchen ist. Wagen Sie vielleicht einmal einen kurzen Blick in Ihr früheres Ich. Nur einen kurzen. Sie sollen nicht der alten Zeit nachtrauern, sondern das Glück spüren, welches mit der neuen Zeit einhergeht. Lernen Sie, sich selbst dafür zu schätzen und zu achten, welche Strapazen Sie auf sich genommen haben, um das Rauchen sein zu lassen und Sport in Ihren Alltag implementieren zu können.

•

Mehr Ordnung und Sauberkeit in Ihrem Leben

- Sie haben beschlossen, mehr Ordnung in Ihr Leben zu bringen und dem Chaos keine Chance mehr zu geben. Immer wieder haben Sie immense Probleme, Ihren Haushalt am Laufen zu halten. Meistens nutzen Sie Ihre Zeit anders, am Ende lassen Sie vieles unerledigt. Damit ist ab heute Schluss. Ab heute möchten Sie einen neuen Weg gehen, einen

Weg, in dem der Boden sauber und der Tisch nicht mit dem alten Geschirr bedeckt ist.

- Hierfür benötigen Sie eine Ersatzgewohnheit? Im Prinzip ist diese schnell gefunden. Bis zum heutigen Tag haben Sie an vielen Tagen kaum oder gar nichts im Haushalt gemacht, um dann immer wieder tagelang hintereinander im regelrechten Putzwahn auszubrechen, um alles auf einmal zu machen. Sind Sie diesen Stress nicht leid? Die neue Gewohnheit soll Sie leichter durchs Leben leiten, als es das Chaos je gekonnt hätte.
- Gibt es einen Auslöser für Ihre Gewohnheit, das Chaos Chaos sein zu lassen? Nutzen Sie die Zeit, in der Sie zuhause sind (und vielleicht der Partner an der Arbeit und die Kinder in der Schule oder im Kindergarten) lieber zum Daddeln am Smartphone oder zum Chatten in den sozialen Medien? Stellen Sie dann immer wieder fest, wie schnell ein Vormittag, ungenutzt mit den wichtigen Dingen, vergangen ist. Durchbrechen Sie diesen Kreislauf. Lassen Sie ab von dieser Routine.
- Stellen Sie Ihre alte Gewohnheit, öfter einmal nichts zu tun, neben Ihre neue Gewohnheit, nämlich täglich etwas zu tun, statt auf einmal alles tun zu müssen.
    - Wöchentliche Hausarbeit: Sie sind stundenlang beschäftigt, alles muss auf einmal erledigt werden, Sie fühlen sich schon vor der Arbeit von dieser regelrecht überfahren, es nervt sie schon die ganze Woche, dass dieser eine Tag wieder bevorsteht.
    - Tägliche Hausarbeit: Sie sind jeden Tag beschäftigt (z. B. eine Stunde), der Rest ist Freizeit, Sie haben nicht mehr diesen einen „Kraftakt“ an einem Tag zu bewältigen, Sie haben weniger Stress und mehr Freizeit, getane Arbeit beflügelt Sie regelrecht.

Sie werden es bald nicht mehr als störend empfinden, täglich etwas im Haushalt tun zu müssen, weil sich nicht mehr diese Berge an Arbeit auftürmen werden, die dann von Ihnen mühsam beiseitegeschafft werden müssen.

- Belohnen Sie sich selbst. Die Belohnung hierfür dürfen Sie wie immer frei und selbstbestimmt wählen. Hierbei dürfen Sie natürlich auch auf Ihr Smartphone zurückgreifen. Es geht ja nicht darum, Ihre Handyaktivität einzuschränken, sondern die Zeit, die täglich für die Hausarbeit aufgewendet wird, hochzuschrauben. Nach der Arbeit dürfen Sie selbstverständlich während der verbliebenen Zeit im Internet surfen, Spiele spielen oder einer sonstigen Beschäftigung frönen. Belohnen Sie sich selbst für Ihre erzielten Erfolge. So können Sie sich am besten selbst motivieren, ohne auf große Dinge von außen hoffen zu müssen. Ihre begeisterte Familie wird Sie mit Komplimenten zusätzlich von außen motivieren.
- Feiern Sie sich bei jedem Erfolg, dies ist auch hier wichtig. Führen Sie sich immer wieder bewusst vor Augen, was das tägliche Tun auch in Ihnen auslöst. Sie fühlen sich zufriedener, glücklicher, entspannter usw. Feiern Sie sich selbst. Trinken Sie abends erschöpft und zufrieden ein Gläschen Wein, laden Sie Ihre Freunde ein – jetzt können Sie Ihre Wohnung auch immer vorzeigen – oder hören Sie beim Saubermachen Ihre Lieblingsmusik. Sie werden erstaunt sein, wie viel Spaß Hausarbeit machen kann, wenn die Rahmenbedingungen passen.

Diese können Sie ganz leicht selbst gestalten. Hören Sie Ihre Lieblingsmusik, so arbeiten Sie und feiern gleichzeitig Ihr Tun. Singen Sie, tanzen Sie, nehmen Sie die Reinigungsmittel, die Ihnen am besten zusagen. Sie mögen Zitrusdüfte oder Lavendel? Es gibt Putzmittel in zahlreichen Duftnoten, Sie haben die Wahl. Machen Sie das Beste für sich daraus.

- Wie hat sich Ihr Leben mit der neuen Gewohnheit verändert? Haben Sie gemerkt, wie spielend Ihnen die tägliche Hausarbeit von der Hand geht? Im Vergleich zu vorher doch ein wahrer Traum. Schlussendlich haben Sie sogar noch viel mehr Freizeit und Sie können sich obendrein jeden Tag an Ihrer schönen und vor allem sauberen Wohnung erfreuen. Vielleicht haben Sie, zum besseren Durchhalten, einen Putzplan in Ihr Leben gelassen oder für jeden Wochentag einen Raum, den Sie von oben bis unten in Schuss halten. Egal wie Sie Ihr Vorhaben umgesetzt haben, Sie können getrost stolz auf sich sein, das Ganze in Angriff genommen und wirklich umgesetzt zu haben. Vielleicht haben Sie noch manchmal Ihre Wohnung vor Ihrem Wechsel der Gewohnheiten im Hinterkopf. Manchmal schütteln Sie womöglich sogar den Kopf über Ihre schlechte Gewohnheit früher. Auch dies gehört dazu und bestärkt Sie im Nachhinein, wirklich das Richtige getan zu haben. Sie haben das gut gemacht und können absolut stolz auf sich sein.

Weniger Essen aus Langeweile

- Sicherlich kennen Sie dieses Phänomen, da es sehr weit verbreitet ist. Wir alle tun es hin und wieder. An sich ist dies auch kein Problem. Nur, wenn es zu einer Gewohnheit wird, wird ein weitreichendes Problem daraus. Genau dieser schlechten Angewohnheit möchten Sie jetzt zu Leibe rücken und endlich Schluss damit machen. Sie möchten nur noch dann essen, wenn Sie wirklich Hunger haben und nicht, wenn Ihnen gerade nichts Besseres einfällt. Endlich Schluss mit diesen unzähligen Kalorien so im Vorübergehen.
- Was könnte Ihnen als Ersatz dienen? Sie möchten nicht immer, wenn Sie gerade abends am PC sitzen oder im Büro über einem kniffligen Projekt schmoren, zu Essbarem greifen. Dennoch möchten oder brauchen Sie in diesen meist stressigen, nervigen oder auch langweiligen Situationen irgendeine Beschäftigung. Vielleicht benötigt sogar Ihr Mund eine Beschäftigung.
    - Kauen Sie gerne Kaugummi? Ein zuckerfreier Kaugummi ist

allemal besser als Süßigkeiten oder andere zuckerhaltige oder fettgetränkte Lebensmittel.

◦ Vielleicht greifen Sie auch auf das altbewährte Kauen eines Zahnstochers zurück. Sicherlich nicht die neueste Methode, aber durchaus effektiv. Nur das Verschlucken sollten Sie tunlichst vermeiden, das könnte durchaus unangenehm für Sie werden.

◦ Verfallen Sie bitte auch nicht in Nägelkauen als Ersatz. Erstens ist es unschön für Fingernägel und Nagelhaut und zweitens bringt es Sie nicht weiter. Des Weiteren verursacht es Schmerzen und Empfindungsprobleme in den Fingerkuppen. Beides nicht gerade von Vorteil bei jeder Art der Fingertätigkeit.

• Die Frage nach dem Auslöser ist hierbei oft mühselig. Manchmal möchten Sie durch die Essensunterbrechung vielleicht von einer unangenehmen Tätigkeit zumindest kurzfristig abgelenkt werden, manchmal benötigen Sie eine kurze Verschnaufpause zum befreiten Nachdenken. Ein anderes Mal könnten Sie diese Frage vermutlich noch nicht einmal wirklich beantworten.

Hier helfen nur kleine Beobachtungen weiter:

◦ Essen Sie wirklich regelmäßig, ausreichend und ausgewogen? Es bringt Ihnen nichts, selbst wenn Sie gerade keine Diät im Auge haben, auf das Abendessen zu verzichten, um dann immer wieder den nächtlichen Gang zum Kühlschrank anzutreten. Viele Ernährungswissenschaftler raten, sechs Mahlzeiten über den Tag verteilt zu sich zu nehmen. Hierbei sind keine 3-Gänge-Menüs gemeint, sondern auch durchaus Zwischenmahlzeiten, aber eben regelmäßig gestaltet. Dazwischen sollte möglichst auf eine Nahrungszufuhr verzichtet werden.

◦ Wann gehen Sie besonders oft zum Kühlschrank? Gibt es hierbei einen bestimmten Grund oder eine besondere Situation? Können Sie diese abschaffen oder so verändern, dass Sie nicht mehr zwischendurch aus Langeweile essen?

◦ Können Ihre Arbeit oder Ihre Tätigkeiten, die zum ständigen Essen aus Stress oder Langeweile führen, an einen anderen Ort verlagert werden? Je länger der Weg zur Nahrung ist, desto seltener werden Sie diesen antreten. Essen aus einer Langeweile heraus ist nur dann möglich, wenn die Lebensmittel schnell und unkompliziert beschafft werden können.

◦ Wenn Sie essen müssen, weil es wirklich nicht anders geht, können Sie dann auf gesunde Lebensmittel zurückgreifen? Vielleicht macht Ihnen das Schnippeln von Karottensticks oder Gurkenscheiben schon richtig Spaß auf die bevorstehende Arbeit oder auch das Lümmeln auf dem Sofa. So wird Essen aus Langeweile sogar noch richtig positiv für Sie. Sie setzen sich zum einen ganz gezielt mit Ihrem Problem auseinander, schaffen ungesunde Lebensmittel zwischendurch ab und ersetzen diese durch Vitaminbomben.

Vielleicht können Sie den Auslöser für Ihre schlechte Gewohnheit nicht wirklich ausmachen, aber vielleicht können Sie diese trotzdem ändern. Durch den einen oder anderen Kniff ist dies unter Umständen ein richtiges Kinderspiel.

• Verbinden Sie Ihre alte, schlechte Gewohnheit mit Ihrer neuen, guten Gewohnheit. Versuchen Sie selbst, alle negativen Aspekte des zwischendurch Essens aus Langeweile bewusst vor Augen zu führen. Gewohnheiten sind unterbewusste Handlungen, also machen Sie sich Ihre schlechten Gewohnheiten bewusst. Verbinden Sie diese unguten Aspekte mit positiven Aspekten.

◦ Essen aus Langeweile: ständig fettige Finger beim Arbeiten, keine vernünftige Mahlzeit und trotzdem hohe Kalorienzufuhr, ständige Gewichtszunahme, weil entweder zu spät oder zu viel zwischendurch gegessen wird, nach der Arbeit Schlafprobleme, weil der Magen zu voll ist, um abschalten zu können, und so weiter.

◦ Kein Essen aus Langeweile: Mehr Hunger und auch besseres Sättigungsgefühl bei den Hauptmahlzeiten, konzentrierteres Arbeiten, evtl. bessere Hirnleistung durch das Kauen eines Kaugummis, hohe unkontrollierte Kalorienzufuhr wird verhindert, und so weiter.

Heben Sie bewusst die positive Gewohnheit hervor und lassen Sie die alte Gewohnheit dementsprechend schlecht aussehen. Machen Sie sich Ihr schlechtes Verhalten sich selbst gegenüber bewusst und nehmen Sie bewusst wahr, wie Sie dieses bereits langfristig zu ändern beginnen.

• Belohnen Sie sich selbst für jeden Tag, den Sie ohne Essen aus Langeweile verbringen. Damit setzen Sie sich wieder bewusst mit Ihrem alten Problem und der damit einhergehenden schlechten Gewohnheit auseinander. Durch gezieltes Belohnen können Sie sich selbst stetig in Ihrem neuen Weg bestärken und verhindern Rückschläge. Logischerweise kann es auch einmal vorkommen, dass Sie kurz davor sind, wieder in ein altes Muster abzurutschen, und Sie werden dann vielleicht sogar völlig fassungslos von sich selbst sein, wenn Sie es entgegen aller guten Vorsätze doch wieder getan haben. Aber Sie sind kein trockener Alkoholiker, bei dem die geringste Spur von Alkohol zu einem richtigen Rückfall führen kann und meist auch wird. Sie können einen kleinen Ausrutscher verkraften, sollten diesen aber auch nicht allzu leichtfertig hinnehmen, sonst verfallen Sie irgendwann wieder völlig in Ihr altes Schema. Belohnen Sie sich daher für jeden Erfolg. Auch ein Rückschlag kann ein Erfolg sein, wenn Sie es bei einem Ausrutscher belassen. Die Art der Belohnung kann unterschiedlich sein. Vielleicht stellen Sie sich an einem besonderen Tag einmal eine Schüssel mit Ihren Lieblingsknabbereien bereit – nicht etwa, um wieder in alte Verhaltensmuster zurück zu driften, sondern vielmehr, um sich bewusst mit der Nahrungsaufnahme zwischendurch auseinanderzusetzen. So wissen Sie genau, was Sie wirklich nebenbei konsumiert haben. Oder Sie trinken einmal ein Gläschen Wein, um sich für Ihr Durchhalten zu belohnen. Eines wohlgemerkt, sonst driften Sie möglicherweise in eine andere schlechte Gewohnheit ab.

- Feiern Sie Ihre Erfolge. Sagen Sie sich immer wieder, wie gut Sie das machen. Vielleicht bemerken Sie schon einen ersten Erfolg auf der Waage. Ihr Gewicht steigt nicht mehr stetig an, sondern geht langsam zurück. Feiern Sie dieses, gönnen Sie sich etwas Schönes, etwa einen Kinobesuch oder einen Tag im Freizeitpark. Feiern Sie Ihren Wechsel der Gewohnheiten und Ihr enormes Durchhaltevermögen. Sie haben das geschafft, wofür andere Jahre brauchen oder so lange daran scheitern, bis sie schließlich resignieren und jegliche weitere Versuche unterlassen.
- Werden Sie sich immer wieder bewusst, was Sie geleistet haben. In unserer schnelllebigen Zeit geht es immer nur darum, „schneller, besser, höher, weiter, effizienter" oder was auch immer zu sein. Hier sind Sie einmal gut zu sich. Sie haben mit Ihrer schlechten Gewohnheit gebrochen, weil diese Ihnen mehr geschadet hat, als dass Sie Ihnen nützlich war. Vielleicht wagen Sie einmal einen Blick zurück – in die Zeit, in der der Kühlschrank Ihr bester Freund für zwischendurch war. Sicherlich werden Sie Ihren guten alten Freund, den Kühlschrank, nicht vermissen, aber Sie werden ihn jetzt anders nutzen, vielfältiger und vor allem bewusster. Ihre Gesundheit, Ihr gutes Gefühl und nicht zuletzt Sie als Ganzes werden es Ihnen immer wieder danken.

Hilfe holen hilft wirklich

Um mit Ihren alten und schlechten Gewohnheiten brechen zu können, können Ihnen nahezu jederzeit Menschen mit fachkompetenter Beratung weiterhelfen.

- Krankenkassen bieten immer ein abwechslungsreiches Angebot an Programmen, um seine Gewohnheiten in puncto Gesundheitsfragen neu zu definieren. Zahlreiche Kurse etc. werden ganz von den Krankenkassen bezahlt, manche zumindest bezuschusst oder mit Prämien für Erfolge honoriert.
- Bei Gewohnheiten, die die Gesundheit schädigen, sind auch immer Hausärzte, Kinderärzte und Fachärzte Anlaufstellen, wo Sie sich Hilfe, Rat und neue Ideen holen können.
- Bei den verschiedensten Erkrankungen gibt es verschiedenste Anlaufstellen (z. B. gibt es bei Übergewicht Institutionen, die sich genau dieser Thematik verschrieben haben). Kommen Sie daher in Eigenregie mit dem Ändern Ihrer Gewohnheiten nicht weiter, können Ihnen diese Stellen meist konkrete Vorschläge machen und sind teilweise sogar 24/7 erreichbar.
- Psychologen können mit Ihnen beispielsweise einen Grund zu Ihren schlechten Gewohnheiten herausfinden, der vielleicht tief verankert in Ihnen lebt.
- Sozialarbeiter oder Sozialtherapeuten können Ihnen bei neuen Strukturen in Ihrem Alltag mit Rat und Tat zur Seite stehen. Gerade wenn die schlechten Gewohnheiten einen massiv schlechten Einfluss auf das private, berufliche und soziale Leben haben, sind diese Anlaufstellen bares Gold wert.
- Ein ambulanter Pflegedienst kann Ihnen ebenso hilfreich sein. Dieser leistet häufig nicht nur Unterstützung in der medizinischen und

pflegerischen Versorgung, sondern kann Ihnen auch hauswirtschaftliche Unterstützung geben.

• Auch in Ihrer Umgebung, selbst wenn Sie sehr ländlich wohnen sollten, gibt es zahlreiche Anlaufstellen, die Ihnen Halt und Struktur in Ihrem Leben vermitteln und Sie bei Ihrem Weg, Ihre alten Gewohnheiten ändern zu wollen, tatkräftige Unterstützung gewährleisten können. Viele karitative Vereinigungen und Wohlfahrtsverbände sind hierbei besonders aktiv. Meist ist die Beratung kostenlos und auf alle Fälle wird der Datenschutz gewährleistet, es läuft also alles anonym ab, außer Sie möchten eine gezielte Hilfestellung (z. B. ein Gespräch mit dem Arbeitgeber unter Begleitung).

• Beratungsstellen, Selbsthilfegruppen, Hilfstelefone etc. – die Bandbreite ist sehr weit gefächert. Es gibt nahezu kein Problem, bei dem nicht irgendjemand wirklich helfen könnte. Daher verweisen Sie die Fachstellen auch gerne an die Stellen weiter, die für Ihre Problematik zuständig sind. Nichtsdestotrotz kann es durchaus vorkommen, dass jemand mit einem Suchtproblem die gleiche Unterstützung erhält wie jemand, der beim Begleichen von Rechnungen extrem unzuverlässig ist. Hinter beidem kann die gleiche Ursache oder auch die gleiche Lösung stecken. Daher dürfen Sie sich nicht wundern, Sie sollen nur von den positiven Seiten profitieren können.

• Haben Sie sich schon einmal einer Langzeit-Therapie unterzogen? Bei Suchterkrankungen stehen diese meist an der Tagesordnung. Bei vielen anderen Problematiken gibt es jedoch ähnliche Strategien. Sie können beantragt werden bei jeder Art der Sucht (z. B. Alkohol, Drogen), aber auch bei Messi-Erkrankungen (man kann sich von nichts mehr trennen und vermüllt seine Wohnung daher völlig), bei Essstörungen (z. B. Magersucht, Bulimie), bei Verhaltensstörungen, bei nahezu allen psychischen Erkrankungen und Störungen und bei vielen weiteren Problemen.

• Ist Ihnen eine Langzeit-Therapie zu viel oder würde diese das Maß völlig überziehen (z. B. wenn Sie nur ein paar Kilo an Gewicht verlieren möchten), wäre eventuell eine dementsprechende Rehabilitationsmaßnahme ein passendes Pendant. Bereits für Kinder gibt es derartige Reha-Kliniken, die sich beispielsweise den Gewichtsproblemen von Kindern jeden Alters, von ganz klein bis zur Volljährigkeit, annehmen. Als Elternteil haben Sie sogar bis zu einem gewissen Lebensalter Ihres Nachwuchses (natürlich auch abhängig vom Krankheitsbild) das Recht, an dieser häufig mehrere Wochen dauernden Maßnahme ebenfalls teilzunehmen. So können Sie und Ihr Kind fürs Leben lernen und sich gegenseitig beim Vorhaben aktiv und passiv unterstützen. Meist fangen schlechte Gewohnheiten bereits im Kindesalter an, häufig werden diese geradezu durch die Erziehung angelegt, geprägt und gefestigt. Umso besser wäre im Idealfall solch eine Maßnahme, wenn man sich selbst im Alltag immer wieder beim Tabubruch ertappt und ohne fremde Hilfe erst gar keinen sinnvollen ersten Schritt zu machen wagt.

30 Tage - neues Glück auch im Beruf

Mindestens 30-60 Tage müssen neue Gewohnheiten gehegt und gepflegt werden, um in Routinen übergehen zu können. Natürlich ist hierbei das Ausmaß der neuen Gewohnheit zeitentscheidend. Manches ist in ein paar Tagen gar nicht mehr wegzudenken (z. B. vor dem Essen zwei Gläser Wasser zu trinken, um den Magen bereits vor dem Essen etwas zu füllen), anderes benötigt etwas länger (z. B. rauchfrei durchs Leben zu gehen).

Gewohnheiten ändern heißt, die persönliche Komfortzone zu verlassen. Dies tut man, um sich weiterzuentwickeln, Abläufe leichter und effektiver zu gestalten und dauerhaft gesünder, schneller und einfacher den Alltag bestreiten zu können.

Gerade im beruflichen Alltag geht es meist um Leistung und Konkurrenzdruck. Hier ist es häufig schwieriger, die Komfortzone zu verlassen und neue Gewohnheiten zu implementieren, weil man aufgrund des zeitlichen und nervlichen Drucks nur allzu gerne auf Gewohntes zurückgreift. Am Anfang scheint es immer sehr knifflig, der erste Schritt ist auch hier der schwerste. Profitieren können Sie jedoch allemal, auch von Tätigkeiten, die noch keine Gewohnheit geworden sind, dies aber werden sollen.

ZEITPROTOKOLL ANLEGEN

Ein probates Mittel kann im beruflichen Alltag ein tägliches Zeitprotokoll sein. Dieses Protokoll sollten Sie erst einmal eine Woche lang führen.

- **1. Schritt:**

Suchen Sie sich eine Woche heraus, die sich eignet. Sicherlich möchten Sie schnellstmöglich neue und bessere Gewohnheiten in Ihrem beruflichen Alltag haben, jedoch ist es nicht gerade zielführend, wenn Sie sich die stressigste Arbeitswoche im ganzen Kalenderjahr herauspicken.

- **2. Schritt:**

Schreiben Sie alle Tätigkeiten auf, die Ihnen auffallen. Nehmen Sie Ihren beruflichen Alltag bewusst wahr. Dies kostet erst einmal Zeit (daher nicht die stressigste Arbeitswoche hernehmen). Sie werden erstaunt sein, wie viele Tätigkeiten den ganzen Tag über unterbewusst ablaufen.

- **3. Schritt:**

Analysieren Sie Ihre Gewohnheiten. Nehmen Sie sich einen Automatismus nach dem anderen gezielt her und wägen Sie ab, ob dieser Sinn macht oder eher das Gegenteil verursacht. Je genauer Sie bei den Abläufen waren, desto besser können Sie diese jetzt beurteilen.

Nicht alles, was dieses Zeitprotokoll widerspiegelt, wird Ihnen gefallen. Erfolgreiche Menschen erledigen auch unangenehme Tätigkeiten, nicht so erfolgreiche schieben diese immer wieder vor sich hin, erledigen diese gar nicht oder nur ungenügend. Da Sie sich jedoch positiv verändern möchten, nehmen Sie jetzt jede Hürde gezielt in Angriff.

Beispiel:

- **1. Schritt:**

Sie haben sich für KW 12 entschieden, da das letzte große Projekt erledigt ist und das nächste noch nicht anläuft. In dieser Arbeitswoche läuft also alles „normal“ ab, Sie haben somit die Möglichkeit, Ihre beruflichen Gewohnheiten bewusst wahrzunehmen.

- **2. Schritt:**

Schreiben Sie nun von Montag bis Freitag (oder wenn Sie andere Tage arbeiten, dann eben diese) alle Tätigkeiten auf, die Ihnen auffallen. Gehen Sie bewusst durch Ihren beruflichen Alltag, eventuell bitten Sie einen Kollegen, Ihnen helfend zur Seite zu stehen. So können „blinde Flecken“ nicht so leicht entstehen. Manche Abläufe sind nämlich so selbstverständlich, dass diese (zumindest nicht beim ersten Versuch des bewussten Wahrnehmens) nur schwer ins Bewusstsein hochrutschen.

Selbstverständlich kann diese Liste von Tag zu Tag variieren, weshalb Sie dieses Protokoll auch eine Arbeitswoche und nicht nur einen Arbeitstag lang führen sollten.

- **3. Schritt:**

Analysieren Sie nach dieser Arbeitswoche alle Ihre beruflichen Gewohnheiten. Schreiben Sie diese in eine Liste oder eine Tabelle und gehen Sie nach und nach jede einzelne und noch so banale Gewohnheit durch. Vielleicht stellen Sie schon beim Aufschreiben gewisse Ungereimtheiten fest.

- Sie stehen zu spät auf und kommen deshalb immer abgehetzt zur Arbeit → wenn Sie eher aufstehen, können Sie noch gemütlich einen Kaffee mit Ihren Kollegen vor der Arbeit trinken.
- Sie könnten beispielsweise den gleichen Weg innerhalb kürzester Zeit immer wieder gehen → vielleicht können Sie diese Wege zu einem zusammenführen (rationelles Arbeiten wäre somit gegeben).
- Sie machen fast täglich Überstunden, weil Sie immer wieder Arbeitsmaterial zusammensuchen müssen → eventuell können Sie Material, dass Sie morgen brauchen, vor Beendigung des heutigen Arbeitstages vorbereiten?
- Sie gehen häufig zum Wasserspender und dann wiederum häufig zur Toilette, weil Sie mit einer Tätigkeit nicht anfangen möchten → erledigen Sie diese belastende Tätigkeit oder bitten Sie einen Kollegen um Hilfe, wenn Sie nicht weiterkommen.

Die Liste der Möglichkeiten lässt sich je nach beruflicher Tätigkeit und je nach Schwerpunkten unendlich fortführen. Wichtig ist jedoch nur, dass Sie jeden Automatismus abwägen. Viele Gewohnheiten können mit Sicherheit verbleiben und durch kleine Veränderungen der eher ungünstigen Gewohnheiten können teilweise große Erfolge und eine leichtere Tätigkeit erzielt werden.

FEEDBACK-KALENDER ABHAKEN

Haben Sie schon einmal einen Feedback-Kalender zur Hand genommen? Im Prinzip können Sie hierfür ein ganz normales Monats-Kalenderblatt hernehmen. Jedoch ist es auch möglich, dieses selbst zu basteln oder sich per PC zu erstellen und auszudrucken. Des Weiteren werden Sie sicherlich auch online einen Vordruck zum Ausdrucken und Ausfüllen finden.

Im Prinzip ist der Feedback-Kalender nichts, was Sie beim Umsetzen Ihrer neuen Gewohnheiten wirklich unterstützt. Er macht Ihren Vorsatz, etwas Neues in den beruflichen Alltag zu integrieren, nur visueller und daher greifbarer.

- **1. Schritt:**

Sie drucken sich ein Kalenderblatt aus, mit 30 Tagen darauf. Dabei ist es nicht wichtig, am Ersten eines Monats zu starten, der erste Tag kann jeder beliebige Tag sein.

- **2. Schritt:**

Legen Sie klar fest, welche neue und vor allem gute Gewohnheit Sie von heute an täglich pflegen möchten.

- **3. Schritt:**

Haken Sie jeden Tag ab. Wenn Sie Ihre gute Gewohnheit gelebt haben, machen Sie einen großen dicken Haken mit einem grünen Filzstift. Ist es Ihnen nicht gelungen, bekommt dieser Tag ein großes dickes X mit einem roten Stift. So sehen Sie schnell und einfach, wie Sie täglich Fortschritte machen, oder wann und wo Sie andere Strategien zum Verinnerlichen der neuen Gewohnheit benötigen.

Beispiel:

- **1. Schritt:**

Sie haben beschlossen, dass es am 03.04. los geht, ein Kalenderblatt wurde dementsprechend mit 30 Tagen modifiziert, Sie sind sozusagen startklar.

- **2. Schritt:**

  Sie haben sich vorgenommen, auf Kaffee während der Arbeitszeit komplett zu verzichten und stattdessen auf Tee zurückzugreifen.

- **3. Schritt:**

  Nach jedem Arbeitstag haken Sie zuhause Ihren 30-Tages-Kalender ab und können so deutlich überblicken, wann es Ihnen gelungen ist und wann Einbrüche da waren, sofern es welche gab. Hinterfragen Sie die Gründe für Abweichungen vom Vorhaben. Vielleicht können Sie diese vorherrschenden Ursachen auflösen, um dann den neuen Vorsatz besser und vor allem dauerhaft umsetzen zu können (Eine Ursache könnte z. B. ein Meeting am Montagmorgen sein, in dem nur Kaffee angeboten wird. Vielleicht können Sie dann immer Ihren eigenen Tee mit zu diesem Treffen nehmen oder um Tee bitten). Selbst wenn Sie jetzt denken, dass ein grüner Haken kaum effektiv sein kann, lassen Sie sich bitte eines Besseren belehren. Die Farbe Grün nimmt in diesem Kalender eine visuelle Belohnung ein, das Rote Kreuz hat fast schon eine tadelnde Wirkung. Einzig und allein durch die Visualisierung funktioniert diese Strategie, obwohl sie so einfach, schlicht und simpel anmutet. Auch, wenn Sie denken, dass es bei Ihnen nicht funktioniert, Sie werden von sich selbst überrascht sein. Haken Sie dies mit Ihrem ersten Schritt einfach ab.

Strategien machen nur dann Sinn, wenn sie auf den gesamten Alltag übertragen werden können. Unser Berufsleben nimmt hierbei einen gewichtigen Stellenwert ein. Alles, was im Job funktioniert, funktioniert auch als Methodik im Alltag. Wenn etwas im Beruf nicht standhält, werden Sie dieses auch nicht zuhause durchführen können. Falls Sie es ganz nüchtern betrachten, entfallen 8 Stunden des Tages auf das Schlafen, 8 Stunden auf den Beruf und 8 Stunden auf die Zeit, die man zuhause mit oder ohne den Partner, mit oder ohne Kinder etc. verbringt. Selbstverständlich sind dies Näherungswerte. Viele arbeiten mehr oder auch weniger Stunden pro Tag, dementsprechend verschieben sich die beiden anderen Sparten.

7 GEWOHNHEITEN FÜR DEN BERUFLICHEN ERFOLG

- **Tägliches Lernen**
  - Lernen ist ein Prozess, der uns unser ganzes Leben lang begleiten wird. Seien Sie immer offen für Neues und Unbekanntes. Profitieren Sie von allem, was Ihnen bis dato unbekannt erschien. Erfolg im Beruf zu haben heißt, sich immer weiterzubilden. Berühmte Persönlichkeiten wie z. B. Microsoft-Begründer Bill Gates sind sehr affin was neue Erkenntnisse betrifft. Die Möglichkeiten, Neuerungen zu erlernen, sind dabei so einfach wie noch nie. Zahlreiche Podcasts gibt es zu den vielfältigsten Themen, zudem Internetseiten, Bücher usw. Heute ist es möglich, in Sekunden Dinge zu erlernen, für deren Informationsbeschaffung der Mensch einst Stunden, Monate oder sogar Jahre benötigt hat. Nehmen Sie sich am besten täglich eine halbe Stunde Zeit, um sich weiterzubilden. So können Sie z. B. Finanzpläne studieren, die Ihnen auch im privaten Bereich das Handling mit Geld erleichtert. Fangen Sie lieber heute statt morgen damit an.

- **Pflegen Sie Ihre Achtsamkeit**
  - Ein achtsamer Umgang mit sich selbst ist meist das, was im stressigen Berufsleben verloren geht. Wenn Sie aber nie an sich denken, nie in sich hineinhören, werden all diese Belastungen, die der Beruf, das Leben und der private Alltag mit sich bringen, zu einer ernsthaften Bedrohung für die geistige und körperliche Gesundheit.

- Meditationen, Auszeiten (um z. B. ein Buch zu lesen, Wellness) lassen Sie zur Ruhe kommen und entschleunigen Sie von der schnelllebigen Zeit. Sie können sich auf sich besinnen, gezielt reflektieren und Kraft für neue Herausforderungen tanken.
- Pausen sind mindestens genauso wichtig wie berufliches Engagement. Ihnen nützt der berufliche Erfolg nur wenig, wenn Sie in sich vom richtigen Weg abgekommen sind. Zahlreiche Erkrankungen (z. B. Burn-out, Depression) basieren auf einer geringen Achtsamkeit mit einhergehender beruflicher Überlastung.
- Durch eine bessere Achtsamkeit wird auch Ihr Gehirn leistungsfähiger. Neueste Forschungen haben ergeben, dass z. B. durch Meditationen mehr graue Zellen entstehen, die dann wiederum die geistige Leistungsfähigkeit (z. B. Merkfähigkeit) steigern. Also entspannen Sie einmal, drücken Sie einmal Ihren imaginären Reset-Knopf.

- **Folgen Sie Ihrer inneren Stimme**
  - Intuition ist das Maß aller Dinge. Wieder einmal etwas, dass in der heutigen Zeit sehr wichtig ist und trotzdem meist vernachlässigt, vergessen oder ignoriert wird. Meist sagt unser Herz oder unser Bauch genau, was wir zu tun oder auch zu lassen haben. Wie entscheiden wir jedoch meistens? Genau, wir wägen ab und entscheiden uns schließlich für die Stimme des Verstandes. Wir meinen, es besser zu wissen, und vertrauen uns und unserer inneren Stimme nicht mehr. Statt diesem inneren Gefühl nachzugeben, vertrauen wir lieber auf äußere Faktoren (z. B. die Erwartungshaltung der anderen).
  - Nehmen Sie Ihre innere Stimme wieder wahr und hören Sie auf diese. Sie werden sehen und spüren, wie wichtig diese für Sie und auch für Ihren beruflichen Erfolg ist. Ihr Körper und Ihr Geist wissen, was gut für Sie ist und was Sie sich zumuten können.

◦ Bereuen müssen wir meist dann, wenn wir etwas zu Beginn besser gewusst und uns trotzdem für die Stimme des Verstandes entschieden haben.

Vermeiden Sie Zeitkiller

◦ Geld ist nicht alles. Darum geht es uns aber meist im Beruf. Je erfolgreicher man ist, desto mehr Geld verdient man und der Status erhöht sich. Macht Sie das aber wirklich glücklich?

◦ Beruflicher Erfolg ist das eine, aber persönliche Zeit ist viel mehr wert. Zeit, die Sie für die schönen Dinge des Lebens nutzen können (z. B. Zeit für die Familie, für Freunde und für lieb gewonnene Aktivitäten). Jeder Mensch, der beruflich erfolgreich sein will, benötigt einen Ausgleich. Lassen Sie sich von Ihrem beruflichen Leben nicht das ganze Dasein diktieren.

◦ Setzen Sie klare Prioritäten im Beruf. Arbeiten Sie diese konzentriert und zielorientiert ab. Durch diese Fokussierung werden sich immer wieder neue Zeitfenster ergeben und Überstunden sind vielleicht seltener oder gar nicht mehr notwendig. Sie werden mit Ihrer Arbeit eher fertig und haben auch den Kopf für andere Dinge frei. Lassen Sie sich die Zeit zum Leben nicht vom Beruf wegnehmen.

◦ Arbeiten Sie effizient, vermeiden Sie Ablenkungen (z. B. Tratsch auf dem Büroflur, schnell die eigenen E-Mails checken), es kostet alles unnötig Zeit.

- **Leisten Sie mehr, als von Ihnen erwartet wird**

◦ Das hört sich erst einmal nach einer Mehrarbeit an. Je fokussierter Sie jedoch arbeiten, desto mehr Zeit bleibt Ihnen auch in der Arbeit selbst übrig. Wenn Sie dann Aufgaben zusätzlich übernehmen (vielleicht sogar solche, die kein anderer erledigen möchte), bringen Sie sich auch für eventuelle Beförderungen, Bonuszahlungen oder Ähnliches in Stellung.

◦ Es heißt nicht, Tag und Nacht zu arbeiten. Es geht nur darum, beruflich voranzukommen. Darum kann es auch durchaus sein, dass Sie vielleicht die Leitung eines neuen Projektes übernehmen und viele Dinge an Kollegen delegieren können. So haben Sie den beruflichen Erfolg, ohne alles allein erarbeitet zu haben.

◦ Neue Aufgaben bedeuten auch, neue Erfahrungen zu gewinnen und sich und das ganze Team beruflich weiterzubringen.

◦

Regelmäßige sportliche Aktivität

◦ Jeder Mensch braucht einen Ausgleich. Beruflicher Erfolg geht immer mit Sport und gesunder Ernährung einher. Ihr Körper braucht dringend Bewegung – fernab derer, die Sie während der Arbeit leisten. Selbst wenn Sie körperlich sehr im Job eingespannt sind, benötigen Sie zum Ausgleich sportliche Aktivitäten.

◦ Ist Ihr Körper aktiv, ist Ihr Geist es auch. Sie benötigen also für geistige (und körperliche) Arbeit auch einen fitten Körper. Energiereserven werden gebildet und können daher in arbeitsintensiven und körperlich anstrengenden Zeiten effektiv genutzt werden.

- **Kreieren statt konsumieren**

◦ Je aktiver Sie sind, desto besser und leichter können Sie Ihren inneren Schweinehund überwinden. Disziplin ist etwas, das nicht von selbst kommt, Disziplin muss erarbeitet werden.

◦ Gestalten Sie Ihr berufliches und privates Leben aktiv, statt nur das Vorgegebene zu konsumieren und sich davon berieseln zu lassen.

◦ Schieben Sie nicht wichtige Aufgaben vor sich her, sondern erledigen Sie diese zeitnah. Lassen Sie sich nicht von den Medien oder

Ähnlichem dazu verleiten, abzuschweifen.

SMART – von klein auf an

Viele Gewohnheiten werden bereits im Kindesalter angelegt. Aufgrund der verschiedensten Erfahrungen, die bereits Kinder machen, manifestieren sich im jungen Lebensalter schon handfeste schlechte Gewohnheiten. Leider ist unsere schnelllebige Zeit mit dem Denken in Schubladen häufig erbarmungslos. Daher gilt: Schlechte Gewohnheiten, die gar nicht erst erlernt werden, machen auch später einmal keine Probleme.

BEWEGUNG UND KINDER

In unserer schnelllebigen und multimedialen Zeit nimmt die Wichtigkeit der Bewegung bei Kindern häufig ab. Kinder kommen sehr bald schon in die Kinderkrippe, dann in den Kindergarten, in die Schule und den Hort oder sie besuchen gleich eine Ganztagsschule.

Bewegung ist ab dem ersten Lebenstag jedoch essenziell. Kinder werden mit einem natürlichen Drang nach Bewegung geboren, sonst wären Säuglinge nie motiviert, sich zu drehen und irgendwann einmal zu krabbeln. Ein aufrechter Gang wäre ohne diesen inneren Drang nicht erreichbar.

Sport, Spiel und jede Art der körperlichen Bewegung stellen eine wesentliche Weiche für die physische, psychische, motorische, kognitive und soziale Entwicklung des jungen Menschen dar. Gefühle können durch Bewegung ausgedrückt werden, Mimik und vor allem Gestik unterstreichen das gesagte Wort. Kinder rennen, laufen, hüpfen, springen, toben, klettern, balancieren und probieren sich und ihren Körper aus, wo auch immer es ihnen möglich ist. Ohne Bewegung wären Kinder keine Kinder. Vieles bliebe ungemacht und unerfahren.

Leider ist es in unserer Zeit so, dass es zahlreiche Angebote gibt, inaktiv zu sein. Statt Treppen nutzt man lieber Fahrstühle und Rolltreppen, statt zum Spielen im Freien sitzt man lieber auf dem Sofa und nutzt Handy, Tablet, Fernseher usw.

Die Folgen sind bereits im Kindesalter deutlich sichtbar. Viele Kinder haben Haltungsschäden, sind übergewichtig, motorisch nicht so versiert wie Gleichaltrige oder die eigene Fitness leidet. Des Weiteren stellen sich häufig Defizite im Psychischen, Physischen oder im Sozialen heraus, was wiederum gerade im schulischen Bereich massive Problematiken mit sich bringt. Wird an den schlechten kindlichen Gewohnheiten nichts geändert, gehen diese meist mit in das Erwachsenenalter über und sind dort nicht selten die Ursache für Gelenkbeschwerden, Herz-Kreislauf-Erkrankungen, Probleme in der Gefäßzusammensetzung (höhere Gefahr von Herzinfarkt, Schlaganfall, Thrombose, Embolie usw.) und für viele andere Erkrankungen und Symptome mehr.

Mittlerweile leidet ca. jedes 4. Kind Studien zufolge an Übergewicht. Dieses entsteht meist entweder durch zu viel Essen (oder zu viele Kalorien durch das Essen bzw. keine ausgewogene Ernährung) oder durch zu wenig Bewegung. Als drittes wäre noch eine Kombination aus zu viel Essen und Bewegungsmangel zu nennen. Beides schlechte Gewohnheiten, die vielleicht geändert werden sollten, auch wenn noch keine großen Beschwerden und keine sichtbaren Einschränkungen vorliegen.

Laut der WHO (Weltgesundheitsorganisation) und verschiedenster anderer Organisationen (z. B. BZGA) sollten Kinder und Jugendliche (zwischen dem 5. und dem 17. Lebensjahr) mindestens 1 Stunde täglich körperlich aktiv sein. Damit ist eine Aktivität außerhalb des Alltags gemeint, d. h. der Schulweg fällt hier beispielsweise nicht mit hinein, wohl aber die Teilhabe in einem Sportverein zweimal pro Woche. Grundlagen für ein größeres Bewegungspensum der jungen Menschen müssen daher gefunden und gegebenenfalls geschaffen werden. Dabei sollten die motorischen Hauptbeanspruchungsformen besser geschult und insgesamt verbessert werden. Diese sind neben konditionellen Fähigkeiten (Ausdauer und Kraft) auch die koordinativen Fertigkeiten einhergehend mit einer Steigerung der Bewegung und der Schnelligkeit.

Gerade bei Kindern mit Übergewicht oder gar Fettleibigkeit zeigen sich hier teils gravierende Defizite im Vergleich zu gleichaltrigen, „normalgewichtigen" Kindern. Daher ist es nötig, spielerisch mit Übungen den Bewegungsdrang wieder zu wecken und wach zu halten. Dies sollte immer auf das Kindesalter abgestimmt sein.

Wichtig bei Kindern für eine Strategie zu mehr Bewegung sind:

- Die Freude am Spiel und der damit einhergehenden Bewegung soll gefördert und ausgebaut werden.
- Das Gewicht soll reduziert werden, wobei dies nicht der Hauptfaktor sein soll. Wird mehr Bewegung bei gleichzeitig gesünderer Ernährung im Leben fest verankert, wird das Körpergewicht nahezu automatisch stetig weniger. Ein ständiges Wiegen wäre hier kontraproduktiv.
- Die allgemeine Leistungsfähigkeit (Ausdauer, Kraft, Koordination) soll spielerisch verbessert werden.
- Die Wahrnehmung des eigenen Körpers wird verbessert.
- Das Körperbewusstsein wird gestärkt.
- Das Selbstbewusstsein und das Selbstwertgefühl steigen automatisch bei jedem noch so kleinen Erfolg.

GEWOHNHEITEN SIND KEINE WÜNSCHE UND UMGEKEHRT

Gewohnheiten sind fest im Leben verankert. Manche Wünsche sollten langfristig realisiert und zur Gewohnheit werden, andere sollten dies lieber nicht, da sie das Ganze nur noch schlimmer machen würden. Nach der SMART-Methode ist es wichtig, Ziele möglichst detailliert zu formulieren.

Beispiel:

Ihr Kind ist etwas übergewichtig, motorische Defizite fallen seit längerem auf. Der Kinderarzt macht sich Sorgen wegen der vorherrschenden motorischen Unruhe und äußert diverse Verdachtsdiagnosen (z. B. ADHS). Sie möchten jedoch einen sanfteren Weg gehen, als mit Medikamenten dagegen zu arbeiten.

Formuliertes Ziel:

„Ich werde mit meinem Kind zweimal die Woche 1 Stunde schwimmen gehen!"

Schlecht wäre: „Ich möchte, dass sich mein Kind mehr bewegt" oder „Mein Kind soll schlank werden". Es ist wichtig, das Ziel positiv zu formulieren und auf negative Aspekte in der Zielvorstellung ganz zu verzichten.

S **Spezifisch:** Das Ziel soll möglichst konkret formuliert werden.
→ mehr Bewegung durch zweimal die Woche Schwimmen
→ Gewichtsreduktion durch mehr Bewegung

M **Messbar:** Das Ziel, welches erreicht werden soll, sollte messbar, möglichst genau darstellbar und zeitlich festgelegt sein (z. B. fünf

Kilogramm Gewichtsreduktion in den nächsten 3 Monaten).

A **Attraktiv:** Das Ziel muss als attraktiv erscheinen. Wichtig ist, dass das Ziel wirklich erreicht werden will und nicht, dass es sich an der Meinung anderer orientiert. Selbstverständlich kann Ihr Kind diese Entscheidung noch nicht für sich selbst treffen, daher liegt es in Ihrer Verantwortung.
→ z. B.: Durch eine Gewichtsreduktion und eine höhere motorische Fähigkeit kann mein Kind ausgeglichener werden, eine eventuelle Medikation steht dann nicht mehr zur Debatte.

R **Realistisch** Ein Ziel, das schon von vornherein nicht erreicht werden kann, ist keineswegs erstrebenswert. Wichtig ist immer, dass das eigene gesteckte Ziel auch aus eigener Kraft realisiert werden kann. Daher ist es immer gut, Ziele nicht zu hoch zu stecken, sondern erst einmal niedriger zu kalkulieren, eventuelle Rückschläge können so mitbedacht werden.
→ z. B.: Das Idealgewicht ist derzeit 12 kg entfernt, alle drei Monate sollen 3-5 kg abgenommen werden.

T **Terminiert** Ein Zeitpunkt muss festgelegt werden, bis wann das gewünschte Ziel schlussendlich erreicht werden soll. Eine anschließende Reflexion soll klären, ob das Ziel wirklich erreicht wurde oder eben nicht.
→ z.B.: Das Körpergewicht lag zu Beginn der Umstellung der Gewohnheiten bei 12 kg über dem Idealgewicht. Innerhalb eines Jahres wollte dieses Idealgewicht erreicht werden.

- Ist es erreicht worden?
- Ist es vielleicht sogar übertroffen worden?

• Warum ist es nicht erreicht worden? → Jetzige Gewohnheiten prüfen und eventuell diese erneut umstellen oder ausbauen.

Die SMART-Methode lässt sich auf alle Gewohnheiten des Lebens ummünzen. Solange Sie diese nach der Reihe befolgen, kann sehr wenig dabei schief gehen. Wichtig ist auch hier immer, dass ein fester und freier Wille vorliegt und die Überzeugung, wirklich etwas zum Positiven verändern zu wollen. Gerade bei Kindern ist es jedoch häufig relativ einfach, zielführende Formulierungen zu treffen, z. B.:

• Alle zwei Wochen machen wir gemeinsam eine zweistündige Radtour.

• Der Schulweg wird zu Fuß zurückgelegt, auf Fahrten mit dem Auto wird verzichtet.

• Jeden Nachmittag gehen wir 30 Minuten ins Freie und toben uns aus.

• Auf elektronische Geräte wird während der Schulzeit und nachmittags nach Möglichkeit ganz verzichtet. Wenn, dann werden aktive elektronische Spiele gewählt (z. B. Tanzspiele).

<u>Wichtig für das Ändern von Gewohnheiten ist:</u>

• Ein aktives Miteinander. Ihr Kind ist nicht in der Lage, seine Gewohnheiten allein zu ändern. Ihre aktive Hilfe und Mitarbeit sind hier gefragt. Bei vielen Veränderungen ist es auch nicht zu Ihrem Schaden, daran teilzunehmen (z. B. mehr Sport, gesündere Ernährung).

• Machen Sie dem Kind Lust auf das Neue. Ihr Kind ist in seinen Gewohnheiten oft noch mehr gefangen als Sie als Erwachsener. Wo Sie alle Nachteile der schlechten Gewohnheit sehen, sieht ein Kind häufig nur die positiven Faktoren. Hier müssen Sie interagieren – mit Aufklärung, Motivation und Belohnung.

• Integrieren Sie die neue Gewohnheit aktiv und spielerisch in den Alltag. Je einfacher die Umsetzung ist, desto leichter wird die neue

Gewohnheit auch im Alltag langfristig durchzuführen sein. (z. B.: Ihr Kind soll sich mehr bewegen? Ab sofort geht es den Schulweg zu Fuß und wird nicht mehr von Ihnen mit dem Auto gefahren).

- Sie müssen ein Vorbild sein. Es nützt Ihnen nichts, wenn Sie von Ihrem Kind möchten, dass es seine Gewohnheiten ändert und Sie diese an sich selbst hegen und pflegen. (z. B.: Ihr Kind soll gesünder essen und erhält Gemüse zum Mittagessen, während Sie mit Fast Food Ihrer Lust frönen). Machen Sie sich selbst nicht unglaubwürdig. Ziehen Sie mit Ihrem Kind an einem Strang und leben Sie die neue Gewohnheit aktiv vor. Vermeiden Sie es, im Beisein Ihres Kindes in alte Verhaltensmuster zurückzufallen.
- Begrenzen Sie das, was Sie als schlechte Gewohnheit ansehen, und ersetzen Sie diese durch Dinge, die Ihrem Kind Spaß machen (z. B.: Statt dem Medienkonsum zu verfallen, toben Sie lieber mit Ihrem Kind am Spielplatz). So vermisst es auch in der Zeit der Abstinenz nicht die alte Gewohnheit.
- Fördern Sie Ihr Kind im Selbstvertrauen, in seinen Stärken und lassen Sie es zu, dass Ihr Kind auch einmal schwach ist. Ihr Kind darf auch einmal klar herausstellen, dass es das alles nicht so schön und sehr anstrengend findet. Zeigen Sie Ihrem Kind auf eine anschauliche Art und Weise, welche positiven Effekte die Veränderungen bis dato bereits nach sich gezogen haben.
- Ihr Kind ist ein Kind, kein kleiner Erwachsener, dessen müssen Sie sich immer bewusst sein. Auch wenn Sie eine sehr objektive Sicht auf die Dinge haben, sollten Sie immer darauf achten, alles spielerisch und kindgerecht zu gestalten.

• Spielen Sie, so viel es Ihnen möglich ist. Gerade wenn es um mehr Bewegung im Alltag des Kindes geht, ist die Fülle der Möglichkeiten schier unermesslich. Nutzen Sie aus, was Ihnen Spaß macht. Von aktiven Kartenspielen über Radtouren, Schwimmbadbesuche bis hin zum Toben im eigenen Garten ist alles gut für einen ersten Schritt in die neue, bessere Gewohnheit.

• Erstellen Sie Wochenpläne für mehr Bewegung und besseres Essen. Planen Sie Ihre Einkäufe gut, beziehen Sie Ihr Kind in die Essensplanung mit ein. Ein gutes und ausgewogenes Mahl bringt Ihnen nichts, wenn es das Kind verweigert. Mit der einen oder anderen kleinen Veränderung (z. B. weniger Öl, Tofu statt Hackfleisch) wird das Lieblingsessen vielleicht ganz unbemerkt gleich viel gesünder.

• Stellen Sie nie Ihr ganzes Familienleben auf den Kopf. Sie sollen nicht alles über Bord werfen, nur weil Sie eine Gewohnheit in der Familie oder im Leben des Kindes nachhaltig verändern möchten. Ihr Kind würde sich in einem derartigen Chaos wiederfinden, das erst einmal alles blockiert, wodurch gar nichts mehr möglich wäre. Dann wäre es vielleicht sogar besser gewesen, alles zu lassen, wie es war.

• Geben Sie Ihrem Kind psychische und emotionale Unterstützung. Nicht immer muss ein Psychologe zurate gezogen werden, es wäre aber durchaus eine Möglichkeit. Häufig reicht jedoch jemand, mit dem man gut und auf einer vernünftigen Basis reden kann. Dies können alle möglichen Menschen sein. Vielleicht ist die Oma hierfür die geeignete Bezugsperson oder auch die Patentante. Ihr Kind muss sich bei Problemen auch einmal richtig ausschimpfen dürfen über das ganze neue Zeug, welches seine Welt so gehörig auf den Kopf gestellt hat. Mit der Zeit wird dieser Ansprechpartner immer weniger negatives Feedback auffangen müssen, sondern immer wieder von Erfolgen des Kindes mitgetragen werden.

- Nehmen Sie Druck aus der ganzen Sache heraus. Setzen Sie sich und Ihr Kind nicht unter einen enormen Leistungsdruck. Was bei einem Erwachsenen mit gut gewählten Zielen super funktioniert, kann bei einem Kind unter Umständen für zu viel Druck und Erwartungshaltung sorgen. Passen Sie auf Ihr Kind auf, Sie möchten seine Gewohnheiten ändern, nicht das ganze Kind.
- Genehmigen Sie Ihrem Kind Ausnahmen. Ausnahmen, gerade im Bereich von Bewegungssteigerung und besserer Ernährung mit einhergehender Gewichtsreduktion, haben etwas mit Lebenslust zu tun. Eine gute und ausgewogene Ernährung ist von elementarer Bedeutung, jedoch sollte Ihr Kind bei einem Kindergeburtstag schon einen Schokoladenkuchen, ein Eis und abends Chicken Nuggets mit Pommes essen dürfen. Es geht schließlich nicht jeden Tag auf solch ein Fest. Sicherlich ist so eine Ausnahme auch immer mit dem Risiko behaftet, zügig in ein altes und jetzt unerwünschtes Verhalten zurückzufallen. Daher müssen Sie sich und Ihrem Kind klar machen: Heute ist es in Ordnung, morgen gilt wieder das neue Schema. Sind Ausnahmen erlaubt, wird Ihnen Ihr Kind auch sagen, wenn es sich nicht darangehalten hat. Dieses Vertrauen stärkt die Bindung zwischen Ihrem Kind und Ihnen ungemein.

Fazit

Gewohnheiten sind in Ihrem Leben unabdingbar. Ohne gewisse Routinen würde Ihnen kein vernünftiger Alltag gelingen. Vielleicht ist es nicht immer nötig, sich dieser praktisch im Autopiloten stattfindenden Abläufe bewusst zu machen – was gut ist, darf ruhig so bleiben.

Nur solche Gewohnheiten, die von Ihnen oder Ihrem Umfeld als störend und schlecht wahrgenommen werden, sollten fokussiert, überdacht und dann je nach Bedarf auch geändert oder aufgegeben werden. Nicht von allem möchten Sie sich trennen. Vielleicht rauchen Sie sehr viel und möchten dies auch weiterhin tun. Eigentlich kann Sie dann auch niemand dazu zwingen, mit dieser Praxis aufzuhören. Eine Veränderung muss von Ihnen gewollt werden. Selbst wenn Sie diese Gewohnheit krank macht – solange Sie diese gerne in Ihrem Leben haben, ist keine Veränderung möglich. Zwang ist nicht das Mittel, das Ihnen langfristig und effektiv helfen wird.

Sie müssen nicht Ihr komplettes Leben von Grund auf hinterfragen und Probleme suchen, wo Sie bis dato keine vermutet haben. Ihre individuelle Lebensgestaltung ist Ihnen überlassen, da haben andere Meinungen, sofern Sie diese nicht einmal im Ansatz teilen, kein Mitspracherecht. Sicherlich kann Ihre persönliche Freiheit immer etwas beschnitten werden, z. B. Rauchverbot am Arbeitsplatz. Dies müssen Sie dann einfach so hinnehmen. Diese Beschneidung Ihrer Routinen kann Ihnen beim Abgewöhnen eine hilfreiche Unterstützung sein, muss sie aber nicht. Wie gesagt, Ihre Gewohnheiten sind in Ihnen manifestiert. Da sie ein fester Bestandteil Ihrer Persönlichkeit sind, liegt es nur an Ihnen, diese ändern zu wollen.

Auf dem Weg der Veränderung können Ihnen viele Strategien,

fachspezifische Einrichtungen oder Fachpersonen durchaus sehr hilfreich sein, gerade dann, wenn man ans Aufgeben denkt oder wenn der Weg zu steinig erscheint. Unterstützung können Sie finden, wo immer Sie danach suchen. Den ersten Schritt müssen Sie jedoch erst einmal selbst tun. Alles beginnt mit einem ersten Schritt, auch das Verändern von Gewohnheiten.

Bedenken Sie immer: Sie sind sich selbst der wichtigste Mensch. Neue Gewohnheiten müssen daher auch einen Gewinn für Sie darstellen, in welcher Richtung auch immer. Denken Sie zuerst an sich und dann an andere. Es wird nie möglich sein, dass alle Menschen, die Ihnen begegnen, Sie auch so gut finden, wie Sie sind. Immer wieder wird es etwas geben, dass jemand anderes an Ihnen kritisiert oder vielleicht sogar verändern möchte. Hören Sie nicht darauf, wenn Sie sich in Ihrer Haut wohlfühlen. Eine Veränderung auf Wunsch anderer sollte nicht Ihr Anspruch im Leben sein. Es ist Ihr Leben und es sollte um Ihr Glück und um Ihre Zufriedenheit gehen.

Der erste Schritt zu besseren Gewohnheiten – weil Sie es wollen!

Quellenverzeichnis

- https://de.m.wikipedia.org
- https://wpgs.de
- https://www.planet-wissen.de
- https://www.daserste.de
- https://www.folkwang-uni.de
- https://karrierebibel.de
- https://m.brigitte.de
- https://www.soft-skills.com
- https://logical-lemon.de
- https://bzga.de
- https://www.aok.de
- https://karrierebibel.de
- https://www.zeit.de
- https://zeitzuleben.de
- https://www.persoenlichkeits-blog.de
- https://www.focus.de
- https:www.erschaffedichneu.com

Wir danken Ihnen für Ihr Interesse und Ihr Vertrauen. Als Dankeschön dafür, haben wir eine besondere Überraschung. Wir haben exklusiv für Sie **„Die 50 besten Tipps, um positiver durchs Leben zu gehen“**. Und diese erhalten Sie vollkommen kostenlos. Das klingt wunderbar? Dann warten Sie nicht lange und holen Sie sich Ihr Gratis-Geschenk.

Hier geht es zu Ihrem Gratis-Geschenk:

https://forms.gle/Und6wXuhFAgdh9d77

1. **Öffnen Sie die Kamera-App auf Ihrem Smartphone und richten Sie die Kamera auf den QR-Code.**
2. **Klicken Sie auf den Link, der Ihnen angezeigt wird und schon werden Sie zur Website weitergeleitet.**

Impressum

Herausgeber: Pegoa Global Media GmbH / Am Sandtorkai 27 / 20457 Hamburg
Kontakt: kontakt@pegoamedia.de
Coverbild: Shutterstock

Haftungsausschluss:
Die Nutzung dieses Buches und die Umsetzung der enthaltenen Informationen, Anleitungen und Strategien erfolgt auf eigenes Risiko. Der Autor kann für etwaige Schäden jeglicher Art aus keinem Rechtsgrund eine Haftung übernehmen. Haftungsansprüche gegen den Autor für Schäden materieller oder ideeller Art, die durch die Nutzung oder Nichtnutzung der Informationen bzw. durch die Nutzung fehlerhafter und/oder unvollständiger Informationen verursacht wurden, sind grundsätzlich ausgeschlossen. Rechts- und Schadenersatzansprüche sind daher ausgeschlossen. Dieses Werk wurde sorgfältig erarbeitet und niedergeschrieben. Der Autor übernimmt jedoch keinerlei Gewähr für die Aktualität, Vollständigkeit und Qualität der Informationen. Druckfehler und Falschinformationen können nicht vollständig ausgeschlossen werden. Es kann keine juristische Verantwortung sowie Haftung in irgendeiner Form für fehlerhafte Angaben vom Autor übernommen werden. Die bereitgestellten Analysen, Vorschläge, Ideen, Meinungen, Kommentare und Texte sind ausschließlich zur Information bestimmt und können ein individuelles Beratungsgespräch nicht ersetzen. Alle Informationen dieses Buches entsprechen dem Kenntnisstand zum Zeitpunkt des Verfassens dieses Buches. Eine Haftung für mittelbare und unmittelbare Folgen aus den Informationen dieses Buches ist somit ausgeschlossen.
Informieren Sie sich weitläufig aus unterschiedlichen Quellen und bedenken Sie, dass am Ende nur Sie für die Entscheidungen verantwortlich sind.

Haftung für externe Links:
Unser Angebot enthält Links zu externen Websites Dritter, auf deren Inhalte wir keinen Einfluss haben. Deshalb können wir für diese fremden Inhalte auch keine Gewähr übernehmen. Für die Inhalte der verlinkten Seiten ist stets der jeweilige Anbieter oder Betreiber der Seiten verantwortlich. Die verlinkten Seiten wurden zum Zeitpunkt der Verlinkung auf mögliche Rechtsverstöße überprüft. Rechtswidrige Inhalte waren zum Zeit-punkt der Verlinkung nicht erkennbar.